Arena-Taschenbuch
Band 1757

Dr. Freya Stephan-Kühn
war Leiterin eines Gymnasiums. Neben vielen wissenschaftlichen
Veröffentlichungen wurde sie vor allem durch ihre
ungewöhnliche Sachbuchreihe im Arena Verlag,
die »Viel Spaß!«-Bände, bekannt.

Weitere Arena-Bücher von Freya Stephan-Kühn:

»Viel Spaß mit den Römern!«
»Viel Spaß mit den alten Ägyptern!«
»Was in den Höhlen begann …«
»Das will ich wissen – Die Ritter«
»Tannenduft und Lichterglanz«
»Frühlingsstrauß und Osternest«

Freya Stephan-Kühn

Viel Spaß
im Mittelalter!

Mit Illustrationen von
Rolf Rettich

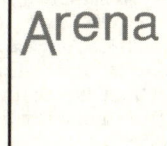

Meinem Mann,
der immer viel Spaß verstehen musste

In neuer Rechtschreibung

6. Auflage als Arena-Taschenbuch 2002
© 1984 by Arena Verlag GmbH
Das Taschenbuch stellt eine leicht gekürzte Fassung
der gebundenen Ausgabe dar.
Alle Rechte vorbehalten
Umschlag und Illustrationen: Rolf Rettich
Gesamtherstellung: Westermann Druck Zwickau GmbH
ISSN 0518-4002
ISBN 3-401-01757-8

Inhalt

Einige Personen dieses Buches 7

Alles hat seine Zeit 9

Die doppelten Burgunder 11

Geliehen ist nicht geschenkt 15

Gute Geschäfte 21

Bruder Konrad an Bruder Ludwig 24

Klosterrätsel 25

Mit Brief und Siegel 26

Advent 28

Von steinernen Hirten, streikenden Hühnern,
Goldklumpen und gesalzenen Schülern 31

Morgen, Kinder, wird's was geben 35

Stadtbummel mit Folgen 36

Es geschah aber in dieser Zeit 58

Am Anfang war die Initiale 63

Ora et labora 66

Vom rankenden Kürbis und anderen Pflanzen 70

Noch mehr Gemüse 71

Tipps für Gärtner 72

Gut gewürzt 73

Wie man zu drei Kochtöpfen in seinem
Familienwappen kommen kann 82

19 + C + M + B + 93 87

Wenn Farben fließen . . . 91

Malen mit Licht 93

Römisch oder romanisch 94

Kirchen wachsen in den Himmel 96

Eine Hütte für die Kirche   101

Schöner wohnen 103

Kleider machen kleine und große Leute 106

Woher wir die Kleider des Mittelalters kennen . . . 112

Nackte Tatsachen 114

Von »freien Künsten« und anderen Fächern 116

Vieles steht in den Sternen 119

Die liebe Not mit Noten 121

Mäuse fressen keinen Käse 124

Ein Brief von der Burg 126

Wer will sich »die Sporen verdienen«? 136

Teure Turniere 138

Im Handwerk ging es zünftig zu 140

Im Märzen der Bauer . . . 142

Ein Brief in die Zukunft 147

Die Wahrheit über das Mittelalter 148

Und wo ist das Mittelalter heute? 151

Auflösungen 161

Einige Personen dieses Buches

Unterwelt ihr Unwesen treibe. Später wurden seine Familienangehörigen aber zu Lieblingstieren der Damen. Unser K. Einhorn ist hauptsächlich aufspießend tätig.

OCHS und ESEL waren Augenzeugen eines der wichtigsten Ereignisse der Weltgeschichte. Kein Wunder, dass sie sich immer für bestens informiert halten. Beide wollen beweisen, dass Vorurteile gegen ihre Arten falsch sind.

K. EINHORN stammt aus einer fabelhaften Familie. Die Menschen im Mittelalter glaubten zunächst, dass diese Familie in der

BARBARA und JOHANNES – von der Köchin MARIA auch liebevoll »Bärbelchen« und »Hänneschen« genannt – sind Kinder des Kaufmanns DANIEL OVERSTOLZ und seiner Frau URSULA. Wir begegnen der Familie im Jahr 1180, in dem Daniel viel unterwegs ist, um neue Handelsbeziehungen anzuknüpfen. Die Familie wird dadurch so reich werden, dass sie sich im 13. Jahrhundert in der Rheingasse 8 in Köln für 150 Mark Silber das noch heute dort zu bewundernde »Overstolzhaus« wird bauen lassen können. Daniel bringt seinen Kindern von den Handelsreisen immer viel mit, besonders Geschichten.

Bruder LUDWIG ist ein Mönch aus Corvey, dem das stille Klosterleben schwer fällt, da er schon in seiner Jugend im Auftrag seines Abtes Wibald viel in der Welt herumgekommen ist. Eine Pilgerfahrt nach Spanien ist ihm eine willkommene Abwechslung und er ist auch gern bereit, vor seiner Rückkehr ins Kloster die Kinder seines Freundes Daniel zu unterrichten. Diese halten ihn für einen idealen Lehrer, weil er sich so leicht ablenken lässt.

Alles hat seine Zeit

Anno·dñi·oð·ccc·lxxxix·am·ſapſtag·noch·katherine

Mittelalter

Um 1500 begannen viele Künstler und Gelehrte in ganz Europa für die Kultur der alten Griechen und Römer zu schwärmen.Die »finstere Epoche« zwischen dem Ende des Altertums um 500 n. Chr. und der eigenen »neuen« Zeit, der »Renaissance« (Wiedergeburt) der Antike, nannte man geringschätzig »Mittelalter«.

Im Jahre des Herrn

Etwa 500 Jahre nach dem Tod Christi kam der römische Mönch Dionysius Exiguus als Erster auf den Gedanken, die Jahre ab Christi Geburt zu zählen. Er rechnete aus, dass er im 532. Jahr nach diesem Ereignis lebte. Wenn er auch den Zeitpunkt um sechs bis sieben Jahre zu spät ansetzte, ist seine Berechnung heute noch maßgebend.
Es dauerte aber noch über 400 Jahre, bis es allgemein üblich wurde, in der Datumsangabe vom »Jahr der Fleischwerdung des Herrn« oder vom »Jahr des Herrn« zu sprechen. »Im Jahr des Herrn« heißt lateinisch »Anno Domini«. Das findest du, oft als »A. D.« abgekürzt, an vielen alten Häusern.

Das Ende der Zeit

Immer wieder versuchte man im Mittelalter aus der Bibel auszurechnen, wann Gott die Welt erschaffen hatte und wann der Tag des Jüngsten Gerichts kommen werde. Vieles schien auf den »Antichrist« hinzudeuten, dessen teuflische Herrschaft, so stand es in der Bibel, der Wiederkunft Christi vorausgehen werde. Um für das »Ende der Zeit« gut gerüstet zu sein, nahmen zahlreiche Menschen mit Begeisterung das Kreuz, um die heiligen Stätten im Morgenland zu befreien. Andere unternahmen weite Pilgerfahrten, oft in der Hoffnung, am Ziel der Reise »das Zeitliche zu segnen«.

Datum

Am Ende mittelalterlicher Urkunden stand meist, wann die in der Urkunde festgehaltene Entscheidung »gegeben« (lateinisch: »datum«) worden war. Daraus wurde unser Wort »Datum«.

Niemand starb am 10. 10. 1582

Die Jahreszählung ab Christi Geburt änderte nichts an dem römischen Kalender mit einem Jahr von zwölf Monaten und 365 Tagen. Durch den Schalttag, den man alle vier Jahre einschob, wurde das Jahr aber etwas zu lang, sodass der Kalender im Laufe der Jahrhunderte um einige Tage »nachging«. Darum bestimmte Papst Gregor XIII., dass der 5. bis 14. Oktober 1582 ausfallen sollten und dass es in den Jahren 1700, 1800 und 1900 keine Schalttage geben sollte. Der »gregorianische Kalender« wurde z. T. erst in unserem Jahrhundert eingeführt, in Russland z. B. erst 1923, sodass die »Oktoberrevolution« 1917 nach unserer Zählung im November stattfand.

Geschichtsbewusstsein

In einer alten schottischen Familienchronik vermerkte der Verfasser in der vierzehnten Generation seiner Familie am Rande: »Etwa um diese Zeit erschuf Gott Adam und Eva.«

Die doppelten Burgunder

nsere Geschichte beginnt im Jahr 1180. Das heißt, eigentlich begann sie ja schon 16 Jahre früher. Aber das wusste der Kölner Kaufmann Daniel Overstolz noch nicht, als er am Dienstag, dem 22. Juli 1180, durch die steil ansteigende Straße zur Kirche der heiligen Magdalena in Vézelay hinaufstieg.

Er hatte gute Geschäfte gemacht, Geschäfte, die er schon zwei Jahre zuvor angeknüpft hatte, als er in Arles die Krönung von Friedrich Barbarossa zum König von Burgund miterlebt hatte. Mit vier Ballen besten Kölner Tuchs war er Anfang März aufgebrochen. Als erfahrener Kaufmann wusste er, wie man sich vor den Gefahren des Weges hüten konnte. So hatte er auf Nebenwegen viele Stellen umgangen, wo Landesherren Wegezölle verlangten.

Noch heute schauderte ihn vor den schlechten, schlammigen Wegen, auf denen mehr als einmal ein Wagenrad gebrochen war. Aber er musste auch immer noch lachen, wenn er daran dachte, wie er im Maastal dem berüchtigten Raubritter Gottfried von Logne entkommen war, indem er sich und seinen Begleitern lauter rote Punkte ins Gesicht gemalt hatte. Das bisschen Farbe hatte Wunder gewirkt, denn bei ihrem Anblick hatten die Räuber gleich kehrtgemacht. Ob sie wohl Angst vor den Blattern hatten?

Jetzt war Daniel auf dem Rückweg. Er hatte in Avignon viel Geld für sein Tuch bekommen und außerdem seinen Wagen und die beiden Pferde verkauft. Die brauchte er nicht mehr, denn was er in Avignon gekauft hatte, nahm nur wenig Platz ein. Es waren zwei unscheinbare, fest verschlossene, kleine Krüge. Zusammen wog ihr duftender Inhalt nur ein halbes Pfund, aber er würde in Köln bei den Salbenherstellern und Apothekern ein Vermögen einbringen. Allein um die vier Unzen des Rosenöls in dem einen Krug zu gewinnen, hatte man über 1000 Pfund an Rosenblättern sammeln und nach einem geheimen Verfahren auspressen müssen. Das Lavendelöl in dem anderen Krug war nicht weniger kostbar, denn in der immer wohlriechenden Stadt liebten es die Damen, einen kräftigen Duft zu verströmen. Und die Krankheit musste noch gefunden werden, gegen die das Wunderwasser nicht half, das der Apotheker aus den kostbaren Zutaten zusammenbraute.

Auch das Pergamenttütchen mit dem Safran, der den Kuchen schön gelb macht und Krämpfe aller Art lindert, wog kaum mehr als eine Feder. Und doch: Von wie vielen gelben Krokusblüten hatte man den Blütenstaub abschütteln müssen, um zehn Gramm des begehrten Gewürzes zusammenzubringen!

Zufrieden über sein Geschäft fragte sich Daniel allerdings besorgt, ob er auch auf dem Rückweg von Raubrittern und Zolleintreibern verschont bleiben würde. Während er noch überlegte, wie er wohl am gefahrlosesten zurückreisen sollte, waren ihm plötzlich zwei Jakobspilger begegnet. Da kam ihm die Idee. Wenn er sich als Pilger verkleidete, würde niemand bei ihm Schätze vermuten.

Gedacht, getan, und bis jetzt war alles gut gegangen. Aber ein wenig hatte er doch ein schlechtes Gewissen das Pilgergewand zu missbrauchen. So hatte er in Lyon beschlossen, sich von seinen Begleitern zu trennen und den berühmten Wallfahrtsort Vézelay zu besuchen, wo er ausgerechnet am Festtag der dort verehrten Maria Magdalena angekommen war. Ein unaufhörlicher Strom von Pilgern bewegte sich durch den Ort. Fast wäre Daniel umgekehrt, als er neben sich jemanden von dem Brand der Kathedrale reden hörte, bei dem am Vorabend des großen Festtages vor genau 60 Jahren über 1200 Pilger den Tod gefunden hatten. Aber nun stand er doch in der neu erbauten Kathedrale. Rund um ihn herum drängten und schoben sich die Menschen. Doch Daniel hatte keinen Blick für seine Umgebung. Staunend blickte er in die Höhe der strahlend hellen Kirche, deren Wände nur aus hohen Säulen zu bestehen schienen, und den Kopf jeder Säule zierte der wunderbarste Figurenschmuck, den er je gesehen hatte.

Dieser Mann da und rechts und links von ihm die Löwen: Wen mochte das wohl darstellen? »Daniel!« Ach ja, »Daniel in der Löwengrube«. Wie war ihm nur plötzlich dieser Gedanke gekommen? »Daniel!« Erst jetzt wurde ihm bewusst, dass der Gedanke gar nicht sein eigener gewesen war, sondern dass der Benediktinermönch neben ihm ihn anredete.

Zunächst war Daniel verwirrt, aber dann kam ihm die Erinnerung. Das musste Ludwig sein. Sie waren sich 1164 in Mailand begegnet, als sie beide den Kölner Erzbischof Rainald von Dassel – er war nun auch schon 13 Jahre tot – auf seinem Feldzug nach Italien begleitet hatten. Damals, als sie im Triumph die Gebeine der Heiligen Drei Könige nach Köln geholt hatten.

Das Mönchsgewand hatte Ludwig damals noch nicht getragen und außerdem fiel Daniel, als sie sich umarmten, auf, dass entweder seine Arme kürzer geworden waren oder Ludwig an Umfang erheblich zugenommen hatte. Nachdem sie sich erzählt hatten, wie es ihnen inzwischen ergangen war, betrachteten sie gemeinsam die vielen Figuren in der Kirche. Ludwig konnte fast alle erklären. So erfuhr Daniel, dass der Ritter und sein Knappe in Wirk-

lichkeit Goliath und David darstellten. Ludwig zeigte ihm auch die verschiedenen Völker, die unsere Welt bewohnen. Äthiopier, hundsköpfige Inder und Pygmäen, die so klein waren, dass sie eine Leiter brauchten, um ihr Pferd zu besteigen, hatte Daniel noch nicht gesehen. Man merkte eben doch, dass Köln zwar eine große, aber keine Weltstadt war. Wenn er nur nicht immer solches Heimweh bekäme, wenn er an Köln dachte! Als sie dann im Bogen am Eingang des Seitenschiffes auch noch die Geburt unseres Herrn und die Anbetung der Heiligen Drei Könige entdeckten, war es um seine Fassung geschehen. Beinahe hätte er vor Rührung den ganzen Rest seines Reisegeldes als Almosen gespendet. Ludwig konnte ihn gerade noch zurückhalten, indem er dezent darauf hinwies, dass er hungrig, aber sehr knapp bei Kasse sei und dass es ein Werk christlicher Nächstenliebe sei, einen am Hungertuche nagenden Mönch zu einem guten Essen einzuladen. In diesem Augenblick kam Daniel wieder eine Idee: Ein so gelehrter und gleichzeitig schlitzohriger Mönch war der ideale Lehrer für den Sohn und die Tochter eines Kaufmanns.

Bei einer Hammelkeule wurden die Pläne konkreter. Ludwig war nicht abgeneigt, wollte aber zuerst noch seine Pilgerreise nach Santiago de Compostela been-

den. Mittlerweile sollte Daniel einen Brief mit nach Köln nehmen und dort in Ludwigs Kloster in Corvey weiterbefördern lassen. Darin bat Ludwig seinen Abt um die Erlaubnis die ihm angebotene Aufgabe annehmen zu dürfen. Wenn Daniel seinerseits dem Kloster in Corvey jährlich zwei Fuder Wein für das Entgegenkommen lieferte, würde der Abt sicher einwilligen. Vielleicht würde die Antwort schon vorliegen, wenn Ludwig auf dem Rückweg von Santiago in Köln Station machte.

Auf das Abkommen trank man einen Becher Burgunder und dann noch einen und noch einen . . . Die Nacht wurde sehr lang – oder sehr kurz – und am nächsten Morgen sah man zwei Pilger Vézelay verlassen, deren Gang nicht sehr sicher schien. Der eine sang, er wolle zu Fuß nach Köln gehen, der andere redete von etwas, das wie K-k-komp-p-post-t-tela klang. Aber beide wunderten sich darüber, wie viele Zwillinge und wie wenig wirklich festen Boden es in Burgund gab.

Geliehen ist nicht geschenkt

Der erste Tag, nachdem Daniel aus Vézelay geschwankt war, brachte ihn nicht besonders weit. Am Donnerstag aber schloss er sich einer Gruppe anderer Kölner Kaufleute an, auf die er zufällig gestoßen war. Sie mussten lachen, als sie hörten, wie Daniel sich bis dahin vor Raubrittern geschützt hatte, meinten aber, ihre gut bewaffneten Knechte seien vielleicht noch wirkungsvoller. Daniel, dem ohnehin die Füße wehtaten, sah das ein, verzichtete auf die Pilgerkleidung und kaufte sich ein Pferd. Zu Fuß wäre er sicher noch über drei Wochen unterwegs gewesen, so aber schaffte man jeden Tag mehr als 30 Meilen.

Als am 3. August die Kinder Barbara und Johannes mit ihrer Mutter Ursula vom sonntäglichen Kirchgang zurückkehrten, wunderten sie sich, dass ihnen niemand die Tür öffnete, als sie klopften. Erst dann merkten sie, dass die Tür offen stand. Sie traten ein und sahen das gesamte Gesinde, vom Stallknecht bis zur Köchin, zusammenstehen und in der Mitte des Raums stand – ihr Vater.

Noch ehe dieser wusste, wie ihm geschah, hingen sie an seinem Hals und machten ihm deutlich, wie viel zwei Kinder gleichzeitig in einer Minute erzählen können.

Endlich sahen die beiden ein, dass ihr Vater vielleicht – aber nur für ganz kurze Zeit – das Recht hatte auch seine Frau zu begrüßen.

Kurz darauf trat auch Gottschalk ein, der Bruder Daniels. Auch er freute sich Daniel wieder zu sehen, zog ihn aber nach der ersten Begrüßung gleich beiseite, weil er eine sehr wichtige Angelegenheit mit ihm zu besprechen hatte.

Als Daniel sich wieder seiner Familie zuwandte, machte er ein sehr ernstes Gesicht. »Ich muss morgen schon wieder weg«, sagte er, »weil . . .« Er kam gar nicht dazu, den Satz zu Ende zu sprechen, denn Johannes und Barbara protestierten sofort: »Bei anderen Kindern sind die Väter nie weg aus Köln, höchstens mal für einen Tag, um auf dem Land Vorräte einzukaufen, oder für eine Woche, um nach Aachen zu pilgern, aber du bist ständig unterwegs. Wir haben immer Angst um dich.«

»Das ist nun mal so bei Kaufleuten«, sagte Daniel, »aber Angst braucht ihr nicht zu haben, denn wir Kaufleute stehen hier im Reich unter dem Schutz des Königs und jeder, der uns angreift, wird vom König zur Rechenschaft gezogen. Außerdem nehme ich«, und dabei zeigte er auf den kräftigsten der Knechte im Hause Overstolz, »unseren Siegfried mit. Wenn jemand den sieht, vergeht ihm schon die Lust auf Kampf.

Wenn ihr mir ruhig zuhört, will ich aber erklären, warum ich wieder wegmuss.« Die Kinder versprachen es nicht gerade begeistert und ihr Vater erzählte, was er eben von seinem Bruder gehört hatte: Auf einem Reichstag in Gelnhausen – das ist in Hessen – hatten sich im April des Jahres die Fürsten des Reiches mit Kaiser Friedrich getroffen, den man wegen seines roten Bartes »Barbarossa« nannte.

Aber der nach dem Kaiser mächtigste – manche meinen sogar, der mächtigste – Mann im Reich, Heinrich, der Herzog von Sachsen und Bayern, den man auch den »Löwen« nannte, war nicht erschienen, obwohl der Kaiser ihn vorgeladen hatte. Das geschah schon zum wiederholten Mal. Auch in Worms, ein Jahr zuvor, war der Herzog nicht anwesend, als vor dem Kaiser über einen Streitfall, der ihn betraf, verhandelt werden sollte. Er hatte sich nämlich geweigert ein Lehen herauszugeben, das ihm nicht zustand.

Weil er auch danach nie zu den Reichstagen, die der Kaiser hielt, gekommen war und damit die Majestät des Kaisers verletzt hatte, sprachen ihm nun in Gelnhausen die Fürsten seine Herzogtümer und alle Reichslehen ab.

»Das verstehe ich alles nicht«, sagte Johannes, »gehörten denn nicht ganz Sachsen und Bayern dem Herzog? Wieso kann man ihm das abnehmen? Und was sind eigentlich ›Lehen‹, von denen du dauernd erzählst?«

»Nun«, erklärte Daniel, »Heinrich und seine Familie, die Welfen, besitzen zwar auch viel Land zu eigen, aber der größte Teil des Landes wird den Herzögen und den anderen Fürsten vom Kaiser nur ›geliehen‹. Dafür müssen die Fürsten dem Kaiser Gefolgschaft leisten: Das bedeutet, dass sie ihn auf seinen Feldzügen begleiten und ihm Ritter zur Verfügung stellen müssen. Auch müssen sie, wenn der Kaiser sie ruft, auf den Reichstagen erscheinen und sie müssen den Kaiser und sein Gefolge beköstigen, wenn er auf seinen Zügen durch das Land bei ihnen Station macht. Wenn sie ihre Pflichten nicht erfüllen, kann ihnen der Kaiser das Lehen wieder wegnehmen, aber das kommt nur ganz selten vor. Die einzelnen Fürsten sind nämlich sehr mächtig und meist nicht bereit, den Kaiser gegen einen von ihnen zu unterstützen.

Du kannst dir sicher denken, dass auch Heinrich der Löwe seine

König
Fürsten, Bischöfe
Grafen, Freiherren
Ritterschaft, Ministeriale

Der König vergab nicht nur Land als Lehen, sondern auch Rechte, wie das Recht, Markt und Gericht abzuhalten, Zoll einzutreiben, Münzen zu prägen oder Wasser für eine Mühle zu nutzen. Die Lehensleute des Königs waren Herzöge, Bischöfe, Äbte und andere Fürsten.

Diese verliehen wiederum die ihnen überlassenen Länder und Rechte weiter und hatten selbst Lehensleute, die wieder an andere Lehen ausgaben. Jeder Lehensmann war seinem Dienstherrn zu Diensten oder Abgaben verpflichtet.

Herzogtümer nicht freiwillig hergibt, zumal er selbst schon seit langem glaubt, dass die Königskrone in Deutschland eigentlich der Welfenfamilie zusteht und nicht seinem Vetter Friedrich von Staufen.«

»Wieso sprichst du jetzt auf einmal von der Königskrone?«, fragte Johannes. »Ich dachte, Friedrich sei unser Kaiser.«

»Ist er ja auch«, erklärte Daniel, »aber sein Onkel Konrad, der vor ungefähr 30 Jahren in Deutschland herrschte, war zum Beispiel nur König. Als er starb, wählten die Fürsten Friedrich zu seinem Nachfolger.

Auch er war drei Jahre lang nur König, bis er nach Italien zog, um sich in Rom vom Papst zum Kaiser des Römischen Reiches krönen zu lassen; weil es christlich ist, nennen wir es das Heilige Reich. Dazu gehört auch ein großer Teil Italiens. Gerade weil unser Kaiser sich so viel um die Angelegenheiten in Italien küm-

mern musste, hat er ja auch Heinrich den Löwen in Norddeutschland lang schalten und walten lassen, wie er wollte. Aber jetzt geht er gegen Heinrich vor und zieht mit einem Heer nach Sachsen. Auch unser Kölner Erzbischof ist wieder mit seinem Heer unterwegs, um Heinrichs Nachfolge in Westfalen anzutreten, denn der Kaiser hat ihn zum Herzog von Westfalen gemacht.«

»Also, das verstehe ich nun nicht«, meldete sich Barbara zu Wort. »Ich meine, ein Erzbischof sollte mit gutem Beispiel vorangehen. Wieso führt er dann Krieg? Und wieso kann er gleichzeitig Erzbischof und Herzog sein?«

»Das halten viele Leute auch nicht für richtig«, sagte ihr Vater, »aber das ist in Deutschland schon so üblich, seitdem vor über 200 Jahren Kaiser Otto der Große seinen Bruder Bruno gleichzeitig zum Erzbischof von Köln und zum Herzog von Lothringen gemacht hat. Die Erzbischöfe von Köln, Mainz und Trier zählen zu den angesehensten Fürsten im Reich und kümmern sich meist mehr um weltliche als um geistliche Dinge. Wir Kölner sind auch nicht gerade glücklich darüber, dass unser Erzbischof immer wieder betont, dass er der Stadtherr ist, und uns in unsere Angelegenheiten hineinzureden versucht. Meist sind wir froh, wenn er nicht in der Stadt ist. Ihr wisst ja, dass wir ohne Erlaubnis des Erzbischofs sogar angefangen haben eine neue Mauer um die Stadt zu bauen. Wenn die fertig ist, können wir ihn hindern, mit Bewaffneten in die Stadt zu kommen und uns unsere Rechte zu nehmen. Aber jetzt hat uns der Erzbischof beim Kaiser verklagt und der Kaiser hat eine Abordnung unserer Bürger nach Halberstadt geladen. Die anderen sind schon vor drei Tagen abgereist und haben mich durch Gottschalk aufgefordert ihnen nachzureisen, wenn ich zurückkäme. Ihr seht also, mir bleibt keine andere Wahl. Ich hoffe in Norddeutschland auch gute Geschäfte zu machen und außerdem habe ich auf dem Weg im Kloster Corvey noch eine Kleinigkeit zu erledigen; die verrate ich euch aber jetzt noch nicht.«

Barbara und Johannes waren natürlich sehr neugierig, aber weder der Charme Barbaras noch die geschickten Fangfragen ihres Bruders brachten Daniel dazu, sein Geheimnis zu verraten.

Am nächsten Morgen brach er auf. Obwohl die Kinder den Grund seiner Reise kannten, flossen noch viele Tränen, bis Johannes eine Idee hatte. Er lief in die Küche und forderte die Köchin Maria auf niederzuknien. Da Maria sehr gutmütig war, spielte sie mit, als Johannes einen hölzernen Kochlöffel nahm, ihre rechte und linke Schulter berührte und sagte: »Hiermit gebe ich dir unsere Kü-

che zum Lehen. Als Lehnsfrau musst du den Lehnsherrn und seine Leute beköstigen. Als Erstes hätte ich gern einen Apfel für mich und diese Jungfrau in meinem Gefolge.«

Wie gesagt, Maria war sehr gutmütig und erfüllte ihre Lehnsverpflichtungen, allerdings nur so lange, bis ihr Lehnsherr von ihr die Heeresfolge in einer Fehde mit anderen Jungen in der Nachbarschaft verlangte. Da weigerte sie sich und zeigte sich auch nicht beeindruckt, als ihr wegen dieser Weigerung ihr Lehen abgesprochen wurde.

Gute Geschäfte

Für seinen Weg nach Nordosten benutzte Daniel den Hellweg, die berühmte Handelsstraße, die durch das Ruhrtal und dann über Soest und Paderborn führte. Mit dem Wagen war das Reisen auf den sandigen und holprigen Straßen nicht sehr angenehm, aber zu Pferd kam man rasch voran. Schon sechs Tage später sah Daniel an der Weser das berühmte Reichskloster Corvey vor sich. Der Vorsteher des Klosters, Abt Konrad, empfing ihn freundlich, als er hörte, dass er einen Brief von Bruder Ludwig überbrachte, wenn ihn auch der Inhalt des Briefes weniger erfreute.

Als sich Daniel aber, wie Ludwig ihm geraten hatte, verpflichtete jährlich ein Fuder Wein zu liefern, solange Ludwig seine Kinder unterrichtete, willigte der Abt ein und ließ in der Schreibstube einen Brief für Ludwig anfertigen. »Nur gut, dass ich nicht zwei Fuder geboten habe«, dachte Daniel, erfreut über den raschen Erfolg. Er musste aber dem Abt noch versprechen sich beim Kölner Erzbischof dafür einzusetzen, dass das Kloster für die Verwüs-

21

tungen entschädigt würde, die das durchziehende Heer des Erzbischofs angerichtet hatte.

Am Abend lernte Daniel die Güte der Klosterküche und vor allem der Klosterbrauerei zu schätzen. In Köln hatten sie zwar auch gutes Bier, aber die Feinschmecker waren durchaus bereit, für auswärtiges Bier auch einmal mehr auszugeben. So schloss Daniel gleich noch einen Handelsvertrag mit dem Kloster ab. Dieses sollte Bier nach Köln liefern und dafür größere Mengen des bekannten blauen Kölner Leinengarns abnehmen.

Am nächsten Morgen zog Daniel weiter. Wieso musste er gerade heute wieder an seinen Aufbruch aus Vézelay denken? Wenige Tage später war er in Halberstadt, wo sich der Kaiser mit seinem Hof aufhielt. Hier traf Daniel auch die anderen Kölner Bürger, die schon vor ihm losgezogen waren. Am 17. August traf der Kaiser die Entscheidung in ihrem Streit mit dem Erzbischof und ließ sie feierlich in einer Urkunde festhalten.

Mit dem Urteil waren Daniel und seine Freunde zufrieden. Zwar sollten sie an den Erzbischof 2000 Mark bezahlen und das war eine sehr hohe Summe, für die ein Handwerker sicher ein Leben lang schuften musste, aber dafür durften sie die Mauer um ihre Stadt weiterbauen.

Auch der Erzbischof war zufrieden. Er war ohnehin in recht guter Stimmung, weil niemand mehr ihm die Herzogswürde in Westfalen streitig machte.

Die günstige Lage versuchte Daniel zu nutzen und die Bitte des Corveyer Klosters vorzubringen. Aber das war nicht mehr nötig, denn der Erzbischof hatte schon einige Tage zuvor in Braunschweig eine Urkunde ausstellen lassen, in der er dem Kloster die Einnahmen aus einer Zollstelle überließ.

Eigentlich hätte Daniel jetzt zurückreisen können, aber er blieb noch fast drei Monate in Norddeutschland und erlebte mit, wie eine Stadt, eine Burg, ein Kloster nach dem anderen von Heinrich dem Löwen abfielen und sich dem Kaiser anschlossen. Lange würde Heinrich sich nicht mehr halten können. Daniel empfand Mitleid mit dem Herzog, der eben noch beinahe mächtiger war als der Kaiser und der sich in Braunschweig eine Pfalz gebaut hatte, die einem Kaiserpalast glich. Aber zugleich war Daniel doch zu sehr Kaufmann, um nicht die vielen neuen Geschäftsbeziehungen zu nutzen, die sich aus der veränderten Lage ergaben.

Allerdings hatte sich der Ruf der Kölner Kaufleute schon weit herumgesprochen, denn wohin er auch kam, hörte er die Redensart: »Wenn ein Kölner einen Preis fordert, so biete ihm die Hälfte oder weniger, so wirst du nicht betrogen.«

Dennoch war Daniel mit den Aufträgen für Tuch, Garn und Schwerter, die er erhalten hatte, höchst zufrieden, als er am 5. Dezember gegen Mittag wieder die Stadt Köln betrat.

Friedrich I. gen. Barbarossa (Rotbart), Kaiser von Rom, deutscher König (* MCXXV, † MCXC)

Bruder Konrad an Bruder Ludwig

 hristus schütze dich auf allen Wegen, mein lieber Bruder. Es ziemt sich für den Abt, das Wohl seiner Mitbrüder und seines Klosters im Auge zu halten. Als du, der Vielgereiste und schon 50jährige, vor wenigen Jahren begehrtest Mönch in dem Kloster zu werden, das dich erzogen hat, ahnte ich, dass du für das abgeschiedene Klosterleben nicht geschaffen bist. Da nun dem Kloster reiches Entgelt versprochen wurde, wenn ich deinem Wunsch entspräche, wäre es unbillig dies nicht zu tun.

In diesen unruhigen Zeiten, da die Corveyer und die Kölner Kirche an vielen Orten in Westfalen Nachbarn geworden sind, ist deine Anwesenheit in Köln vielleicht auch dem Kloster von Nutzen.

Ich habe den Abt von St. Martin in Köln, unseren Bruder Ortlieb, gebeten dich für die Dauer deines Aufenthalts bei sich aufzunehmen.

Vielleicht kannst du die Zeit nutzen und einige Werke aus der dortigen Bibliothek abschreiben, die uns noch fehlen. Der Herr segne deine Tätigkeit.

Leb wohl!

Geschrieben am 10. Tag
des Monats August
im Jahre des Herrn MCLXXX.

Klosterrätsel

Trage die richtigen Wörter Spalte für Spalte von oben nach unten ein. Wenn du in einer Spalte unten angekommen bist, musst du in der nächsten oben weitermachen. Wenn du senkrecht die richtigen Wörter einträgst, ergeben sich waagerecht die Namen der beiden mächtigsten Adelsfamilien in Deutschland im 12. Jahrhundert (ö = oe; ch = 1 Buchstabe). Für einige Begriffe musst du auch die folgenden Geschichten lesen.

Die Wörter bedeuten:

1. Diesen Beinamen hatte der Kaiser, der 1180 regierte.
2. Diesen Beinamen hatte sein Gegenspieler.
3. Dieser Kaiser machte im 10. Jahrhundert (10) zum Erzbischof von Köln.
4. Auf einem . . .berieten die Fürsten und Städte mit dem Kaiser wichtige Angelegenheiten.
5. Das erhielt das abgebildete Kloster vom Kölner Erzbischof als Entschädigung.
6. Das bauten die Kölner ohne Erlaubnis des Erzbischofs.
7. So nennt man im Mittelalter das Haus des Königs.
8. Daniel versprach dem abgebildeten Kloster eine Wagenladung voll Wein. Welches Wort benutzte er für »Wagenladung«?
9. Hierauf schrieb man im Mittelalter.
10. Er war zugleich Erzbischof von Köln und Herzog von Lothringen.
11. Hier steht das abgebildete Kloster, in dem Ludwig Mönch war.

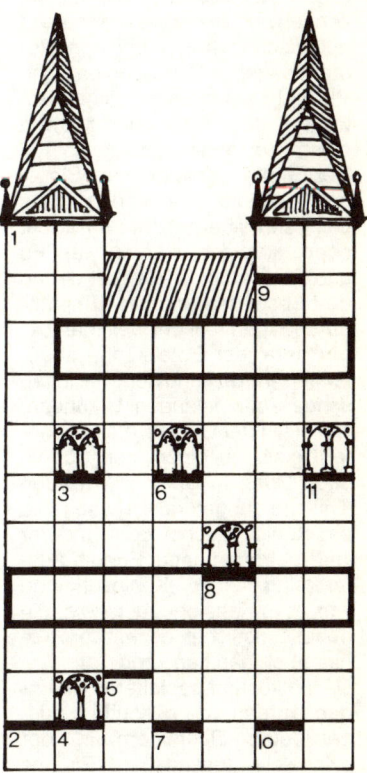

Mit Brief und Siegel

Briefe im Mittelalter waren nicht einfach zu schreiben und zuzustellen. Als Schreibmaterial diente das kostbare Pergament, ein ganz dünnes Leder, auf das mit Feder und Tinte geschrieben wurde.

Eine Postzustellung, wie wir sie kennen und wie es sie in Ansätzen auch schon früher bei den Römern gegeben hatte, gab es nicht. Vielmehr schickte man einen Boten mit dem Brief oder gab ihn einem Reisenden mit.

Der Empfänger konnte am Siegel des Absenders erkennen, dass das Schreiben nicht verfälscht oder vertauscht worden war. Es gab aber auch Briefe, bei denen der Absender und die Empfängerangaben fehlten, weil man befürchtete, der Bote könne abgefangen werden und der Brief in falsche Hände gelangen. Urkunden, wie die in der Geschichte erwähnten, gleichen einem sehr förmlichen Brief. In Urkunden wurden Entscheidungen festgehalten, die ein König, Bischof oder anderer Herr getroffen hatte. Für die Ausfertigung einer Königsurkunde war der »Kanzler« zuständig, ein hoher Geistlicher, der mit dem König durch das Land zog.

Die oft kostbar gestalteten Urkunden wurden von besonders ausgebildeten Schreibern in der »Kanzlei« geschrieben. Bis ins 13. Jahrhundert hinein waren sie immer in lateinischer Sprache abgefasst.

Auch das Monogramm des Königs oder Kaisers am Ende der Urkunde wurde in der Kanzlei hergestellt. Der König setzte nur einen letzten Strich, den Vollziehungsstrich, hinzu. Das war sozusagen seine Unterschrift.

Ein Monogramm enthält alle Buchstaben des Königsnamens, doppelt vorkommende Buchstaben aber meist nur einmal. Wenn man ein solches Monogramm vor sich hat, bedeutet es richtige Detektivarbeit, um herauszufinden, zu welchem Namen es gehört.

Hier siehst du die Monogramme der Könige KAROLUS (Karl der Große), ARNULFUS (Arnulf von Kärnten) und OTTO (Otto I.) Ein weiteres Monogramm war auf Urkunden der Päpste zu finden. Es lautete BENE VALETE (= Lebt wohl). Schließlich hat auch noch unser flotter Reporter EINHORN sein Monogramm eingeschmuggelt. *Versucht nun herauszufinden, welches Monogramm zu welchem Namen bzw. zu welchen Worten gehört:*

1.   2.   3.   4.

Seit dem 11. Jahrhundert wurden die Monogramme komplizierter, weil sie auch noch die Titel des Königs enthielten. Dieses Monogramm benutzte Friedrich Barbarossa.

5.

Hier kannst du dein eigenes Monogramm entwerfen.

27

Advent

arbara und Johannes waren in festlicher Stimmung, denn gestern, am 4. Dezember, hatte Barbara ihren Namenstag gefeiert und übermorgen war der zweite Adventssonntag.

»Advent« sei lateinisch und heiße »Ankunft«, hatte die Mutter den Kindern erklärt, aber so recht konnten sie sich darunter nichts vorstellen.

Bei Maria in der Küche stand schon seit Wochen ein besonderer Kuchenteig, der Barbara und Johannes magisch anzog; aber Maria ließ die Küche keinen Moment aus den Augen. Heute aber war die Luft seltsamerweise rein und so begannen die Kinder in aller Ruhe und sehr fachmännisch zu prüfen, ob der Teig genügend Geschmack von dem Honig und den vielen Gewürzen angenommen hatte, die darin waren.

Erst allmählich wurde es ihnen unheimlich, weil alles in der Küche so ungewöhnlich still war. Aber vorne in der Halle musste irgendetwas passiert sein, denn von dort tönte lautes Stimmengewirr herüber. Die Neugier über-

wand die Naschhaftigkeit und Barbara und Johannes beschlossen nachzusehen, was los war.

Sie hatten tatsächlich die Ankunft ihres Vaters verpasst. Ihr Jubel war unbeschreiblich und die Art der Begrüßung ist daraus zu erschließen, dass Daniel sich später wunderte, woher sein Gesicht so klebrig war und nach Pfefferkuchen schmeckte.

Neugierig musterten die Kinder, was der Vater mitgebracht hatte: Pelze, Leder und ein ganzes Fuhrwerk voll Salz. Außerdem waren da noch eine Reihe kleiner Päckchen. Die durften sie aber nicht anfassen, die habe jemand anderes bestellt, sagte Daniel.

Als er merkte, wie enttäuscht seine Kinder darüber waren, erzählte er ihnen zum Trost von einem Brauch, von dem er in Frankreich gehört hatte. Dort, so sagte er, beschenke der heilige Nikolaus in der Nacht vor seinem Namenstag am 6. Dezember gehorsame Kinder. Und er, Daniel, habe gehört, dass der Heilige, weil er nie genug brave Kinder finden könne, in diesem Jahr auch in Köln suchen werde. Vielleicht werde er in dieser Nacht auch zu ihnen kommen.

Als die Kinder wissen wollten, wie der Heilige aussah, zeigte ihnen Daniel eine Holzfigur, die er in Auftrag gegeben hatte und die gerade fertig geworden war. Es war leicht vorstellbar, wie gespannt Kinder in einer Stadt sind,

in die zum ersten Male überhaupt der heilige Nikolaus kommen soll. Jedenfalls waren Barbara und Johannes wie der Blitz an der großen Haustür, als es klopfte. Kein Zweifel, der Mann in dem weiten Gewand mit dem breiten Hut, dem Stab in der Hand und dem Schnee im Bart konnte niemand anders sein als Nikolaus persönlich und er wusste auch gleich, dass sie Barbara und Johannes hießen.

Der Fremde allerdings freute sich zwar, als »lieber guter Nikolaus« angeredet zu werden, wunderte sich aber doch, weil er ja Ludwig hieß.

Erst als der Vater hinzukam, klärte sich das Missverständnis auf. Die Kinder waren enttäuscht, als der Nikolaus sich ausgerechnet als Lehrer herausstellte.

Der Vater erklärte ihnen aber, dass Schule sein müsse. Wenn sie nicht von Ludwig unterrichtet werden wollten, müsste Johannes auf die Domschule.

Johannes erwies sich gleich als intelligenter Schüler, als er plötzlich herausplatzte: »Heute war die Ankunft von Vati und dann die von Ludwig. Jetzt weiß ich, warum diese Zeit des Jahres Adventszeit heißt.«

Von steinernen Hirten, streikenden Hühnern, Goldklumpen und gesalzenen Schülern

udwig erzählt von BARBARA und NIKOLAUS.

»Barbara«, begann Ludwig, »lebte um das Jahr 300, also vor ungefähr 800 Jahren, in einer Stadt im Osten des großen Römischen Reiches, wo heute der Kaiser von Byzanz herrscht. Damals wurden die Christen noch grausam verfolgt und viele starben als Märtyrer.

Barbara war sehr schön und ihr reicher Vater, der ein Heide war, schloss sie, wenn er verreiste, in einen Turm mit zwei Fenstern ein. So wollte er verhindern, dass sich ein Mann seiner Tochter näherte, den er nicht ausgesucht hatte. Eines Tages, als er von einer Reise zurückkehrte, fand er in dem Turmzimmer ein drittes Fenster und auf dem Boden des Zimmers war ein aufgemaltes Kreuz. Barbara bekannte, dass sie eine Christin geworden war und dass die drei Fenster sie an die Heilige Dreifaltigkeit, Vater, Sohn und Heiligen Geist, erinnern sollten.

Der Vater zog wütend sein Schwert, um sie zu töten. Barbara aber entkam ihm mit göttlicher Hilfe. Als ein Hirte den Fluchtweg verriet, wurde er zur Strafe in Stein verwandelt.

Schließlich klagte der Vater seine Tochter vor Gericht an, aber der Richter fand nichts, weswegen er sie verurteilen konnte. Er ließ sie foltern, aber Barbara überstand alle Qualen und Gott heilte ihre Wunden. Als sie erneut vor dem Richter erschien und dieser sie wieder nicht verurteilen wollte, wurde sie von ihrem Vater enthauptet. Den Vater aber erschlug wenig später ein Blitz.

Viele Menschen setzen in die Fürbitte Barbaras, die als Märtyrerin zur Heiligen wurde, großes Vertrauen und es gibt viele alte Bräuche, die mit ihrem Tag verbunden sind.«

»Ich weiß«, sagte Barbara, die gespannt zugehört hatte. »Maria hat sich gestern geweigert mir einen Flicken aufs Kleid zu nähen, weil die Hühner das ganze Jahr über keine Eier legen, wenn man am Barbaratag näht.« – »Und wir Jungen«, sagte Johannes, »sollen an diesem Tag fasten und uns abends einen Mädchenrock unters Kopfkissen legen. Dann sehen wir im Traum das Mädchen,

das wir einmal heiraten werden. Aber ich denke nicht daran, das auszuprobieren.« – »Und dann ist der vierte Dezember noch besonders geeignet zur Schatzsuche«, lachte Ludwig. »Aber vielleicht solltet ihr doch nicht alles glauben.

Eine Sache habe ich aber selbst schon ausprobiert. Wenn man am Barbaratag einen Zweig von einem Obstbaum schneidet und ihn im Zimmer ins Wasser stellt, blüht er zu Weihnachten auf. Lasst euch aber nicht weismachen, dass man den Zweig nur mit einem Hemd bekleidet hinterrücks abschneiden muss, obwohl man in diesem Fall sicher voraussagen kann, was ihr zu Weih-

nachten bekommt: eine schöne Erkältung.

Aber jetzt will ich euch von dem Mann erzählen, für den ihr mich gehalten habt:

Der heilige Nikolaus lebte etwa zur gleichen Zeit nicht weit entfernt von der heiligen Barbara. Auch er wurde als Christ verfolgt und musste mehrere Jahre im Gefängnis verbringen. Als aber Konstantin im Jahre 312 Kaiser im Römischen Reich wurde, brachen für die Christen bessere Zeiten an. Nikolaus kam aus dem Gefängnis frei.

Er ließ sich aber da noch nicht träumen, dass er einmal Bischof werden würde. Doch als der Bischof von Myra gestorben war, hatte einer der Gemeindeältesten geträumt, sie sollten den zum neuen Bischof wählen, der morgens als Erster die Kirche beträte, und das war ausgerechnet der junge Nikolaus.

Nikolaus vollbrachte als Bischof viele Wohltaten und Wunder. So hörte er einmal von drei Mädchen, die niemand heiraten wollte, weil ihr Vater, ein frommer Mann, sein Vermögen verloren hatte und ihnen keine Mitgift geben konnte. Da ging Nikolaus des Nachts hin und warf heimlich einen Goldklumpen in das Haus des Mannes. Mit dieser Mitgift konnte dieser die älteste Tochter verheiraten. Nikolaus kam noch zweimal mit einem Goldklumpen, bis auch die anderen Töchter verheiratet waren.

In Erinnerung an diese gute Tat beschenken sich in vielen Ländern die Leute heute am Nikolaustag und wer weiß, vielleicht geschieht das ja jetzt auch hier in Deutschland.«

»Das ist eine schöne Geschichte«, seufzte Barbara, die ein empfindsames Herz hatte, während Johannes – was war von ihm auch anderes zu erwarten – die Geschichte mit den Mädchen langweilig fand und fragte, ob es nicht auch weniger rührende Geschichten gebe.

»Nun, da gibt es schon noch eine Geschichte, aber die erzähle ich nicht gern vor dem Schlafengehen.«

Das hätte Ludwig besser nicht gesagt, denn natürlich bettelte Johannes jetzt so lange, bis sich Ludwig breitschlagen ließ:

»Gut«, sagte er, »aber ich habe dich gewarnt.

Also, eines Abends kamen drei wandernde Schüler an die Tür eines Metzgers und baten um Kost und Herberge. Der Metzger nahm sie freundlich auf, aber als sie eingeschlafen waren, erschlug er sie und legte ihr Fleisch in Salzbrühe ein.

Einige Zeit später kehrte Nikolaus bei dem Metzger ein. Dieser setzte ihm von dem Salzfleisch vor, aber Nikolaus sah sofort, um was es sich handelte. Er segnete das Fleisch und erweckte so die drei jungen Männer wieder zum Leben. Die glaubten geträumt zu haben. Wegen dieses Wunders wurde Nikolaus Freund der Kinder.«

Bei dem guten Ende bekam Johannes, der trotz seiner großen Worte am Anfang der Geschichte doch recht bleich geworden war, wieder Farbe. Aber Maria, die Köchin, wunderte sich, warum in den nächsten Wochen Salzfleisch immer unberührt in die Küche zurückkam.

Bis zur Reformation im 16. Jahrhundert war es üblich, Kinder nicht zu Weihnachten, sondern in der Nacht vor Nikolaus zu beschenken. In manchen Ländern, z. B. in Holland, hat sich dieser Brauch bis heute erhalten. Zwei Wochen vor dem Nikolaustag kommt Nikolaus zu Schiff in einem Hafen an und dieses Ereignis können die holländischen Kinder auch im Fernsehen verfolgen. Das habe ich auch erst vor wenigen Jahren erfahren, als unsere holländische Nachbarin mit ihrem kleinen Sohn zu uns kam und bat, die Ankunft des Nikolaus in Farbe sehen zu dürfen. Ich fand es zwar ein wenig komisch, dass sie den Papst, der gerade in Deutschland war, als Nikolaus bezeichnete, schaltete aber bereitwillig das zweite Programm ein, wo der Papstgottesdienst aus Köln übertragen wurde. Erst allmählich stellte sich heraus, dass sie das niederländische Fernsehen, das man bei uns empfangen kann, und tatsächlich den Nikolaus meinte.

Morgen, Kinder, wird's was geben

In der Nacht nach dem ereignisreichen Tag schliefen die Kinder tief und fest. Erst am nächsten Morgen merkten sie, dass nach ihrem Vater und Ludwig noch jemand das Wort »Advent« ernst genommen hatte.

Bei einigen der schönen Dinge, die da vor ihnen lagen, riefen sie voll Überraschung: »Das kann es ja gar nicht geben.« Damit hatten sie völlig Recht, denn nach dem Nikolaus, der sich selbstverständlich an die Geschichte hielt, war noch K. Einhorn gekommen und hatte einiges aus späterer Zeit eingeschmuggelt.

Versucht herauszufinden, was Barbara und Johannes tatsächlich zu Nikolaus bekamen und worauf sie wohl noch ein paar hundert Jahre warten mussten.

35

Stadtbummel
mit Folgen

Es ist mir wieder mal gelungen, einige Dinge einzu-
schmuggeln, die erst in wesentlich spätere Zeit gehören.
Nun sucht mal schön!

Daniel: Gestern ist eine Ladung Bier aus Corvey gekommen. Ich muss in die Stadt, um Wein und Garn zu
besorgen, die der Fuhrmann mit zurücknehmen soll.
Johannes: Darf ich mit?
Barbara: Ich will auch mit.
Daniel: Meinetwegen, aber zieht euch eure Holzüber-
schuhe an. Die Straßen sind total aufgeweicht.

Ursula: Seid bloß vorsichtig! Neulich soll sogar der Kaiser samt Pferd beinahe in einer Pfütze versunken sein.
Barbara: Du redest schon genauso wie Maria. Die kommt auch ständig mit solchen Schauergeschichten.

Johannes: Meine Güte, was für ein Getümmel. Sind das alles Waren für Köln?
Daniel: Nein, die meisten werden hier nur umgeladen. Da, die Heringsfässer werden jetzt von den Niederrheinschiffen zu den Oberrheinschiffen gebracht. Und mit den Weinfässern ist es genau umgekehrt. – Heda! Lass mich mal das Fass sehen! –
(zu Johannes:) Es wird Zeit, dass wir das Stapelrecht bekommen.

Das Stapelrecht, das die Kölner 1259 bekamen, besagte, dass alle Waren in Köln umgeladen und hier drei Tage lang Kölner Kaufleuten zum Kauf angeboten werden mussten. Diese versahen die gekaufte Ware mit dem Kölner Stadtwappen und bürgten damit für die Qualität der »Kölner Ware«.

Daniel: Wo seid Ihr her, Schiffer?

Schiffer: Aus Bernkastel, Herr.

Daniel: Von dort hatte ich schon mal Wein. Das ist genau das Richtige für Corvey. Lasst zehn Fässer ins Haus Overstolz tragen. Mein Faktor wird dich bezahlen. Ich glaube, er hat auch noch eine Ladung Tuch für dich bis Koblenz.

Schiffer: Da bin ich aber froh, dass ich keinen Hering transportieren muss. Danach stinkt das Schiff oft wochenlang.

Johannes: Wozu braucht man eigentlich die Pferde?
Schiffer: Wenn ich Ihnen das erklären darf, junger Herr: Die sind zum Füttern auf dem Schiff. Danach müssen sie wieder an Land. Dann laufen sie auf dem Leinpfad und ziehen das Schiff an einer Leine rheinaufwärts. Wir nennen das treideln.
Barbara: Arme Tiere.

Barbara: Puh, hier stinkt's. Und das Wasser in dem Bach! Da ist es blutrot und hier ist es ganz blau. So etwas müsste verboten werden.
Daniel: Das würde dir sicher nicht gefallen. Du trägst doch gern bunte Kleider und weiche Schuhe. Und hier am Bach sind die Gerbereien und Färbereien und da geht es ohne Gestank und Farbe nicht ab.

Barbara: Also, wenn ich mir das angucke, trage ich doch lieber Holzschuhe und graue Kleider. Aber schau mal, der Wannenkrämer hat so schöne rote Bänder in seinem Bauchladen. Kaufst du mir welche? Bitte, Vati!
Johannes: Weiberlogik! – Was gibt es denn da vorne auf dem Markt, Vati?

Daniel: Das ist der Waidmarkt. Ihr wisst doch, was man mit dem Saft dieser Pflanze macht?
Barbara: Klar. Damit kann man Garn und Tuch schön blau färben.
Johannes: Typisch! Bei so was weißt du Bescheid.
Daniel: Streitet euch nicht. Ihr könnt euch hier umsehen, während ich das Garn besorge.

Daniel: Aber geht nicht zu nah an die Baustelle am Kirchturm. Da passieren oft Unfälle. Seht ihr? Da wäre der Maurer beinahe vom Gerüst gefallen und unten der Mann schimpft, weil ihm Mörtel auf seinen schönen neuen Mantel gefallen ist. Also passt auf!

Bettler: Eine kleine Spende, edler Herr.
Johannes: Ich habe leider nichts.
Barbara: Aber ich habe noch einen Pfennig. Hier! Warum musst du betteln?
Bettler: Weil ich arm und krank bin und nicht einmal als Tagelöhner Arbeit finde. Aber du bist sehr freundlich wie der kleine Hermann Joseph.

Barbara: Wer ist denn das?

Bettler: Oh, er kommt jeden Morgen auf dem Weg zur Schule hier vorbei und geht in die Kirche dort drüben. Und dann unterhält er sich mit der Muttergottes und dem Jesuskind, als wären sie nicht aus Holz.

Johannes: Der spinnt. – *Barbara:* Ach, sei doch still!

Bettler: Ja, und neulich hat er sogar dem Jesuskindchen seinen Apfel hingehalten. Und ich hab selbst gesehen, wie es gelächelt und den Apfel genommen hat. Der Junge ist sicher für etwas Größeres geboren.

Bettler: Pass auf, der Wagen!

Johannes: Wer ist der Mann in dem roten Mantel? Wieso hat der Mann auf dem Wagen nur eine Hand?

Bettler (traurig): Vorn geht der Henker und auf dem Wagen steht der arme Heinrich. Man hat ihm vor einigen Jahren eine Hand abgehackt, weil er gestohlen hatte. Dann hat er gebettelt, aber davon wurde seine Familie nicht satt. Vorgestern hat er versucht einem reichen Herrn den Geldbeutel zu stehlen.

42

Der Bettler hatte Recht. Die Muttergottes zeigte Hermann Joseph wenig später eine Stelle, wo er einen Münzschatz fand. Damit brauchte er nicht in die Schuhmacherei seines Vaters einzutreten, sondern konnte sich seinen Traum erfüllen Priester zu werden.

Aber weil er mit der Linken ungeschickt ist, ist er erwischt worden. Gestern haben der Burggraf und die Schöffen den Stab über ihn gebrochen und jetzt wird er nach Raderberg gefahren und gehängt. Er kann nur froh sein, dass er nicht lebendig aufs Rad geflochten wird.
Barbara: Wie schrecklich! Was wird aus seiner Familie?
Bettler: Ich weiß es nicht. Wenn nicht die Nachbarn oder die Mönche helfen, müssen die Kinder betteln gehen.

Johannes: Vorsicht, Barbara! Wieder ein Wagen. Der ist aber lang. Was sind das für Balken?
Bettler: Da sieht man, dass ihr reich seid und in einem Steinhaus wohnt. Sonst wüsstest du, was das ist. Da zieht jemand um. Er hat die Füllung zwischen den Balken seines Hauses herausgeschlagen und dann das Haus zerlegt. Am neuen Wohnort wird alles wieder aufgerichtet und dann werden die Wände aus Reisig und Lehm gemacht.

Johannes: Wie praktisch! Aber unser Haus brennt dafür nicht so leicht. – Da kommt Vati.
Barbara: Du, Vati, hier der Bettler hat uns so viel erklärt. Bitte gib ihm noch was!
Daniel: Eigentlich hast du kein Recht, Leute höheren Standes zu belästigen, aber hier ist ein Schilling!
Bettler: Danke, Herr, da kann ich mich endlich wieder einmal an Hering und Kartoffeln satt essen.

Barbara: Das war aber nett von dir, dass du dem armen Mann so viel Geld gegeben hast. Wo gehen wir jetzt hin? – Au!!!

Johannes: Typisch Barbara, sich von einem Schwein umrennen zu lassen. Das kann auch nur dir passieren. – Au!!!

Barbara: Ich denke, das könnte nur mir passieren. Aber bei dem Herrn war es ja auch kein Schwein, sondern ein Ziegenbock. Ich habe mich aber wenigstens nicht in einen Misthaufen gesetzt. Puh! Ein toller Gestank! Echt Kölnisch Jauche!

Daniel: Das mit der Jauche und dem Abfall auf den Straßen geht nicht so weiter. Da müssen wir im Rat etwas unternehmen. Jeder hält sich so viel Vieh, wie er will, und wir haben so viele Äcker und Weinberge, als lebten wir nicht in der größten Stadt Deutschlands, sondern auf dem Dorf.

Daniel: He, Sie, passen Sie doch auf, wenn Sie Ihren Nachttopf auf die Straße leeren. Ich glaube, wir gehen uns besser erst mal umziehen. Aber nachher müssen wir noch Ludwig im Martinskloster Bescheid sagen, dass er dem Fuhrmann einen Brief nach Corvey mitgeben kann, wenn er will.

Ist das Gedicht aus dem Jahr a) 1228 b) 1528 c) 1828? Ich hab' es übrigens selbst übersetzt!

In Köln, der Stadt voll der Gebeinen,
wo sie »Straße« sagen und »Falle« meinen,
einer Lasterhöhle und Hexenküche,
zähl ich zweiundsiebzig schlechte Gerüche
und manches, was erbärmlich stank.
Ihr Götter, Herrscher über diesen Jauchetrank,
ich höre, dass man oft verkündet hat,
des Rheines Wellen spülen diese Stadt.
Doch sagt mir, welche göttliche Kraft
danach den Rhein zu spülen schafft.

Daniel: Verflixt! Jetzt habe ich doch glatt vergessen, dass heute wieder mal eine Prozession ist. Wir müssen warten, bis die Leute vorbei sind.
Barbara: Aber Vati! Wie kann man nur fluchen, wenn man eine Prozession sieht.
Johannes: Wir können auch allein gehen. Ich weiß, wo das Martinskloster ist.

Daniel: Damit würdet ihr mir wirklich einen Gefallen tun. Geht bitte auch beim Apotheker in der Hohen Straße vorbei. Ihr erkennt den Laden leicht. Gegenüber ist eine Schneiderei. Sagt ihm, dass die bestellte Lieferung von Rosenöl und Mandeln angekommen ist. Hier, für den Schilling dürft ihr euch etwas kaufen. Kommt aber bitte so schnell wie möglich zurück.

Barbara: Toll, dass wir alleine gehen dürfen. Ziemlich dunkel hier auf der Hohen Straße.

Johannes: Das liegt an den Erkern. Weil die Leute für die Grundfläche des Hauses Steuern bezahlen müssen, bauen sie hohe Häuser mit vielen Erkern. Aber das soll jetzt verboten werden. Vorsicht, da tropft es, da ist sicher das Klo im Erker eingebaut.

Barbara: Die Leute, die aus dem Laden kommen, sind aber fröhlich. Komm, wir schauen mal rein.

Knecht: Heh, was wollt ihr hier in der Badestube? Kinder haben hier ohne Eltern nichts zu suchen. Außerdem seid ihr doch ganz sauber.

Johannes: Hast du gesehen, was da los war? Wie in einem Wirtshaus. Ob Vati und Mutti auch da hingehen?

Barbara: Glaub ich nicht. Wir haben doch selbst einen Brunnen und einen Badezuber. – Aber wollen wir uns nicht beim Bäcker da eine Semmel holen?

Johannes: Gute Idee, aber dann müssen wir uns beeilen.

Passant: Heh, kommt mal her, der Alte ist zusammengebrochen. Fasst mal an, wir tragen ihn rüber zum Heiliggeisthospital.

Barbara: Gut, dass es Hospitäler gibt. Was meinst du, was sie mit dem armen alten Mann machen?

Johannes: Vielleicht holen sie da vorn den Bader.

Barbara: Wieso den Bader?

Johannes: Der Bader reinigt die Leute nicht nur von außen, sondern zieht auch Zähne und reinigt das Blut, indem er Blutegel aufsetzt.

Barbara: Wie eklig!

Johannes: Ich glaube, wir sind da. Hier ist die Schneiderei und da der Apotheker. Das riecht gut hier. Sind Sie der Apotheker Salber?
Salber: Der bin ich. Was steht zu Diensten?
Johannes: Mein Vater, Daniel Overstolz, lässt ausrichten, dass Eure Mandeln und Euer Rosenöl angekommen sind.
Salber: Gut, dann kann ich ja neues Marzipan herstellen.

Barbara: Was ist das denn?
Salber: Ein Geheimrezept. Ich hab es für viel Geld von einem Kreuzritter gekauft und der hat es direkt vom Kalifen von Bagdad. Hier! Wollt ihr mal kosten?
Barbara: Schmeckt ja himmlisch! Aber das ist doch keine Arznei?
Salber (lachend): Doch, gegen Zahnschmerzen.

Johannes: Ob das wohl stimmt?
Mutti sagt immer, Süßes verdirbt die
Zähne. Komm jetzt zum Martinsklos-
ter.
Barbara: Nein, jetzt will ich auch den
Dom sehen. Sind doch nur ein paar
Schritte.
Johannes: Meinetwegen.

Barbara: Puh, ist der hoch. Die Türme reichen ja bis in den Himmel. Ob man
von da oben die Engel sieht?
Johannes: Bestimmt, und wenn du runterfällst, bist du selber einer. Schau nicht
so lang nach oben. Das ist gefährlich. Vor Jahren soll in Trier der Erzbischof
Poppo am Hitzschlag gestorben sein, weil er zu lange die neuen Domtürme
angestarrt hat und ihm dabei die Sonne auf die Glatze schien.
Barbara: Hitzschlag im Dezember. Du spinnst ja. Aber meinetwegen können
wir jetzt weitergehen.

51

Barbara: Was sind das für Leute mit den komischen spitzen Hüten?

Johannes: Das sind Juden. Wir sind hier in der Judengasse. Guck mal, da vorn trägt jemand eine Vase als Pfand zu einem Juden. Er will sicher Geld leihen.

Barbara: Warum geht er denn nicht zu einem Christen?

Johannes: Christen dürfen keine Zinsen nehmen und behal-

Barbara: Geschieht ihnen das denn nicht recht? Sie haben doch Christus gekreuzigt.

Johannes: Aber der war doch selbst ein Jude. Oben auf dem Kreuz steht schließlich die lateinische Abkürzung für »Jesus von Nazareth, König der Juden«. Außerdem hat er gesagt, wir sollen unseren Nächsten lieben. Er will sicher nicht, dass wir die Juden verfolgen.

Barbara: Das werde ich Maria sagen, wenn sie wieder mal Gräuelmärchen über die Juden erzählt. Aber komm jetzt weiter.

ten ihr Geld lieber. Den Juden sind dagegen fast alle Berufe außer Geldverleiher verboten. Viele von ihnen sind natürlich sehr reich und darum sind die Leute oft neidisch und schimpfen auf die Juden. Vati sagt aber, wir sollen dabei nicht mitmachen. Es ist schlimm genug, dass die Juden kaum Rechte haben und nur in bestimmten Straßen wohnen dürfen und diese auffallende Kleidung tragen müssen.

Juden durften in mittelalterlichen Städten meist nur in bestimmten Vierteln wohnen. Als Sündenböcke wurden sie für alles Unglück, z. B. Seuchen wie die Pest, verantwortlich gemacht und oft grausam verfolgt.

Barbara: Du, da stehen ein paar Benediktiner. Sieht der eine nicht so aus wie Ludwig?
Johannes: Du könntest Recht haben. Gehen wir mal rüber.

Ludwig: Gut, dass ich das weiß. Ich werde einen Brief an meinen Abt schreiben. Richtet bitte dem Fuhrmann aus, er soll beim Martinskloster vorbeikommen, bevor er losfährt. Ich glaube, ich beeile mich besser, damit ich noch Licht zum Schreiben habe.
Johannes: Wir müssen auch nach Hause.
Ludwig: Behüt euch Gott!

Ludwig: Grüß Gott, ihr zwei. Was sucht ihr denn hier?
Johannes: Dich! Vati lässt ausrichten, dass morgen ein Fuhrwerk nach Corvey geht.

Barbara: Was soll das? Du kannst dich doch nicht einfach
hinter mir verstecken.
Junge: Bitte nicht verraten! Ich heiße Walter und bin
meinem Grundherrn in Rheydt weggelaufen. Wenn ich
ein Jahr und einen Tag hier in der Stadt lebe, ohne dass
er mich findet, bin ich frei, denn Stadtluft macht frei.
Johannes: Wie lange bist du denn schon hier?

Walter: Drei Monate. Ich habe mich mit Betteln und Gelegenheitsarbeiten durchgeschlagen. Aber jetzt habe ich eben meinen Grundherrn gesehen. Wenn er mich entdeckt, werde ich mein Leben lang sein Höriger sein. Bitte rettet mich!

Johannes: Das geht doch nicht. Wir sind aus einer vornehmen Familie und können dir nicht so einfach helfen.

Der Vater war, wie Johannes richtig vermutet hatte, nicht begeistert. Erst als er hörte, wer Walters Grundherr war, ließ er sich erweichen, denn dieser war selbst in Köln für seine Grausamkeit bekannt.

Barbara: Aber Mutti sagt immer, wir sollen jedem helfen, der in Not ist. Meinst du nicht, Walter wäre der ideale Küchenjunge, den Maria schon so lange sucht? Wir können ihn doch erst mal mit nach Hause nehmen und Vati fragen, was er meint.
Johannes: Wenn du meinst. Dann komm mal mit, Walter.

Maria aber schloss Walter gleich in ihr Herz und zeigte ihm ihre Zuneigung, wo sie nur konnte.

Es geschah aber in dieser Zeit

amstags hatten Barbara und Johannes ihr Erlebnis in der Stadt gehabt, am Sonntag war die Familie zum ersten Mal wieder gemeinsam zur Messe gegangen und heute, am Montag, sollte der Unterricht bei Magister Ludwig beginnen.

Die Kinder waren sehr gespannt, was auf sie zukommen würde. Daniel hatte im Haus eine Schulstube errichten lassen. Sie war zwar klein, aber sie bot Raum für ein Pult für Magister Ludwig und für die beiden Hocker, auf denen die Kinder saßen. Da es Winter war, hatte Daniel auch noch ein Becken mit glühenden Holzkohlen in den Raum stellen lassen, der recht hell war. Ein Kaufmann wie Daniel konnte es sich eben leisten, die Fenster in den kleineren Räumen des Hauses verglasen zu lassen, sodass man tagsüber auch im Winter die Fensterläden öffnen konnte.

Ludwig war mit der Einrichtung recht zufrieden. Er forderte nur, dass Daniel für die Kinder noch Wachstäfelchen und Griffel besorgen sollte. Er selbst hatte drei Exemplare eines Buches aus der Klosterbibliothek mitgebracht, weil er zunächst einmal feststellen wollte, was die Kinder schon konnten. Er schlug die Bücher auf und sagte, Johannes solle den Text oben auf der Seite zu lesen beginnen.

Johannes gab sich alle Mühe. »Das«, sagte er schließlich, »ist gemein, denn bis jetzt habe ich nur lateinische Buchstaben gelernt und das hier ist sicher Arabisch oder Griechisch.«

Barbara nickte zustimmend und holte unter ihrem Kittel den ABC-Lebkuchen hervor, den sie vom Nikolaus bekommen hatte.

»So sehen lateinische Buchstaben aus«, sagte sie mit Bestimmtheit.

Ludwig lachte. »Sieh noch einmal genau hin, Johannes. Hier das c und das u müsstest du trotzdem erkennen. Ich sehe schon, ihr kennt bis jetzt nur die Majuskeln.«

»Was hat denn Schreiben mit Muskeln zu tun«, fragte Barbara erstaunt dazwischen.

»Majuskeln, nicht Muskeln«, erklärte Ludwig. »Das sind die Großbuchstaben. Es würde viel zu lange dauern, wenn man alle Bücher in diesen Buchstaben abschreiben würde. Sie nehmen auch viel zu viel Raum ein und Pergament ist kostbar. Darum hat man – ich glaube, es ist jetzt ungefähr 300 Jahre her – unter Kaiser Karl dem Großen die Minuskeln entwickelt. Das sind die Kleinbuchstaben und damit kann man wesentlich schneller und Raum sparender schreiben. Aber weil ich sehe, dass ihr diese Buchstaben noch nicht lesen könnt, will ich euch den Text einmal anders aufschreiben: FACTUM EST AUTEM IN DIEBUS ILLIS EXIIT EDICTUM A CAESARE AUGUSTO.«

Das konnten Johannes und Barbara sofort lesen, aber verstehen taten sie es noch lange nicht. Barbara meinte, es sei ein Text über Käse, der im August dick mache, obwohl sie die Wörter etwas anders geschrieben in Erinnerung habe, und mit dem Anfang von dem Satz könne sie ohnehin nichts anfangen.

Johannes, der schon ein wenig mehr wusste, ahnte aber, worum es sich handelte. »Das ist sicher ein lateinischer Text«, sagte er. »Aber Latein haben wir noch nicht gelernt, denn Vati sagt, ein Kaufmann sollte sich heutzutage lieber bemühen Angelsächsisch und Französisch zu lernen und da hat er mir auch schon einige Worte beigebracht.«

»Das ist sicher auch nützlich«, sagte Ludwig, »aber fast alle Bücher, aus denen du etwas Wissenswertes erfahren kannst, sind in lateinischer Sprache abgefasst. Darum werden wir in der nächsten Zeit sehen, dass ihr erst einmal Minuskeln lesen und schreiben lernt und erste Kenntnisse im Lateinischen bekommt. Aber zunächst will ich euch den Text einmal übersetzen: ›Es geschah aber in jenen Tagen, dass ein Gebot ausging von Kaiser Augustus.‹«

»Aber das ist ja die Weihnachtsgeschichte«, jubelten die Kinder. »Die kennen wir.«

»Gut«, sagte Ludwig, »und mit dem lateinischen Text dieser Geschichte wollen wir uns bis Weihnachten beschäftigen.«

Eine Geschichte, die sie schon kannten, zwei Wochen lang von morgens bis abends und dazu noch Latein lernen! Das waren ja keine erfreulichen Aussichten.

Ob Magister Ludwig wirklich so zielstrebig war oder ob man ihn auch zum Erzählen bringen konnte?

»Bei wem hast du denn Latein gelernt?«, fragte Johannes scheinheilig.

»Oh, das ist schon lange her«, meinte Ludwig. »Als ich so alt war wie du jetzt, Johannes, ging ich im Kloster Corvey zur Schule. Unser Lehrer hieß Adalbert. Er war sehr streng, aber er hat uns auch viel beigebracht. Das waren schlimme Zeiten damals in Sachsen.«

An dieser Stelle lächelte Johannes seiner Schwester zu, denn es schien ganz so, als hätte sein Plan gewirkt.

Als Ludwig dies sah, wurde er richtig böse: »Da gibt es gar nichts zu lachen. Damals war man in dem ganzen Gebiet an der Weser kaum seines Lebens sicher, denn König Konrad III. war nur selten in Sachsen. Daher konnte er unser Kloster und seine Besitzungen nicht schützen. Heinrich der Löwe . . .«

»Ich weiß, der ist doch gerade als Herzog abgesetzt worden.«

»Richtig, du bist erstaunlich gut informiert. Heinrich der Löwe also versuchte damals seine Macht an der Weser auszudehnen. So hat er zugelassen, manche unserer Brüder meinten sogar, er hätte es veranlasst, dass 1143 unser Vogt, der Graf von Northeim, seinen Bruder Heinrich, der

Mönch in unserem Kloster war, zum Abt wählen ließ, obwohl der noch viel zu jung war.«

»Was ist denn ein Vogt?«, fragte Barbara dazwischen.

»Bist du dumm!«, sagte Johannes. »Wir haben doch auch einen Stadtvogt.«

»Das ist der Richter.«

»Ja«, sagte Ludwig. »Das stimmt. Aber der Stadtvogt bei euch richtet nur über kleinere Vergehen. Der Vogt eines Klosters ist viel wichtiger. Vielleicht habt ihr schon gehört, dass Corvey ein Reichskloster ist, das bedeutet, dass der König dem Abt von Corvey alle Länder und Güter, die dem Kloster gehören, zum Lehen gibt. Jeder, der auf diesem Land Unrecht tut, muss sich eigentlich vor dem Abt verantworten. Aber weil ein Geistlicher keine schweren körperlichen Strafen und keine Todesstrafen verhängen darf, hat das Kloster noch einen Vogt, dem der König die Gerichtsgewalt verleiht.«

»So etwas haben wir doch hier in Köln auch«, warf Johannes ein. »Der Dieb, den wir gestern gesehen haben, ist vom Burggrafen verurteilt worden.«

»Merkwürdig«, sagte Ludwig, »darüber habe ich noch nie nachgedacht. Vor 30 Jahren hat ein Dienstmann unseres Abts, der Gericht über kleinere Vergehen hielt, gefordert, dass man ihn Burggraf nennen sollte. Und für die schweren Vergehen ist der Vogt zuständig. Und bei euch ist das genau umgekehrt. Die Bezeichnungen scheinen von Gegend zu Gegend verschieden zu sein. Aber jetzt haben wir genug erzählt. An die Arbeit!«

»Aber Magister Ludwig, Ihr wolltet doch noch von Abt Heinrich erzählen.«

»Wollte ich das? Da gibt es nicht viel zu erzählen. Die Kritiker behielten Recht. Heinrich war viel zu jung, um sich durchzusetzen. Es herrschte Unfrieden im Kloster. Dann kamen noch ein Krieg zwischen zwei Grafen in der Nachbarschaft und eine Hungersnot hinzu. Beinahe wäre auch noch unsere Kirche geplündert worden und das ausgerechnet zu Weihnachten. Eine ganze Bande von bewaffneten Räubern war nachts zu Schiff über die Weser gekommen und hatte versucht in die Kirche einzudringen. Aber wo sie es auch versuchten, durch das Fenster der Sakristei, durch die Türen und durch andere Fenster, überall schien ihnen die Kirche voll von Bewaffneten zu sein. Der Herr muss seine Engel ausgeschickt haben, um uns zu schützen.

Aber auch dieses Wunder half dem jungen Abt Heinrich nicht. Man warf ihm vor, er habe Güter der Kirche zu seinem eigenen Vorteil verkauft. Das nennt man Simonie. So kam eines Tages ein päpstlicher Gesandter, um die Sache zu untersuchen. Schließlich wurde Heinrich und bei gleicher Gelegenheit auch seine Schwester Judith, die Äbtissin in einem nahe gelegenen Nonnenkloster war, abgesetzt. Damals fanden wir das richtig, aber heute glaube ich, dass das nie geschehen wäre, wenn nicht unterdessen ihr Bruder, der Graf von Northeim, gestorben wäre und der Graf von Winzenburg Vogt von Corvey geworden wäre.«

»Northeim, Winzenburg, Corvey, Weser, mir schwirrt der Kopf«, sagte Barbara. »Ist es noch nicht bald Zeit zum Mittagessen?«

In der Tat begannen gerade in diesem Moment die Glocken zu läuten und der Vormittagsunterricht war – fast ohne Latein – beendet.

Am Nachmittag ließ sich Ludwig nicht mehr ablenken. Barbara und Johannes freilich bekamen ein zwiespältiges Verhältnis zum Lateinunterricht. Einerseits machte es ja Spaß, wenn sie jetzt in der Kirche die Weihnachtsgeschichte auch verstehen würden, wenn sie auf Lateinisch verlesen wurde. Andererseits konnten sie sich mit der Methode, die Deklinationen und Konjugationen mit der Rute einzubläuen, nicht so recht anfreunden, auch wenn es sich dabei, wie Ludwig aus eigener Erfahrung zu berichten wusste, um eine ungemein bewährte Methode handelte.

Am Anfang war die Initiale

Am nächsten Tag hatten die Kinder neue Schreibtäfelchen und machten sich mit Feuereifer daran, die Minuskeln abzumalen, die Ludwig ihnen vorzeichnete. Er erzählte ihnen dabei von seiner eigenen Zeit in der Schule und wie sie schon frühzeitig in der Schreibstube eingesetzt wurden. Die Klosterbibliothek hatte viele Bände und oft wurden Schriften aus der Bibliothek zum Gebrauch in der Schule oder für große Herren abgeschrieben. Manchmal war auch ein Werk, das man aus einem anderen Kloster geliehen hatte, für die eigene Bibliothek zu kopieren.

Ein dickes Buch abzuschreiben konnte wochenlang dauern und dann brauchte es noch einmal seine Zeit, bis ein anderer das abgeschriebene Werk mit der Vorlage verglichen hatte, denn beim Abschreiben kamen immer wieder Fehler vor, »wie man gerade wieder einmal an dir sieht, Johannes, denn hier in der Vorlage steht ›fruchtbar‹ und nicht ›furchtbar‹.« Aber nach diesem kleinen Seitenhieb – Ludwig schlug meist nur ganz milde zu – fiel er wieder in Erinnerungen an seine Schulzeit zurück.

»Von den Mönchen in der Schreibstube haben wir eine Menge guter Tipps bekommen. Wenn zum Beispiel im Pergament ein kleines Loch ist, so etwas kommt immer wieder mal vor, muss man versuchen ein O oder Q oder einen ähnlichen Buchstaben an diese Stelle zu bringen. Größere Löcher werden zugenäht. Wir haben auch gelernt, wie man von einem nicht mehr gebrauchten Pergament die Buchstaben abkratzt, um neue Texte darauf schreiben zu können.

Am liebsten habe ich aber die Anfangsbuchstaben ausgemalt. Kaum einer konnte schönere Initialen herstellen als ich.«

»Bringst du uns das auch bei?«

»Meinetwegen«, sagte Ludwig und dann malte er viele schöne Initialen mit schwarzer Farbe vor, die die Kinder dann mit kleinen Pinseln und roter, weißer, grüner und blauer Farbe ausmalten. Ludwig verzierte dann einige Initialen noch mit Blattgold, das Barbara ihrem Vater abgeschwatzt hatte.

*

Durch die Arbeit in der Schreibstube der Klöster wurden die Werke der Literatur des Altertums und des Mittelalters, die wir heute kennen, für uns erhalten. Beim Abschreiben tauchten natürlich immer wieder Fehler auf, die auch bei der Überprüfung nicht gefunden wurden. Heute versuchen die Wissenschaftler durch den Vergleich vieler Handschriften eines Textes möglichst die ursprüngliche Fassung wiederherzustellen.

Heute sind Farben leichter zu haben, sodass es euch sicher nicht schwer fällt, die Initialen auf dieser Seite auszumalen. Ihr könnt sie auch abzeichnen oder selbst welche entwerfen und damit Weihnachtskarten, Glückwünsche und Hinterglasbilder herstellen, Taschentücher besticken oder Gläser gravieren oder auch Bücher wie dieses hier als euer Eigentum kennzeichnen.

Schulbänke und Familien- und Lehrerauto sind tabu!

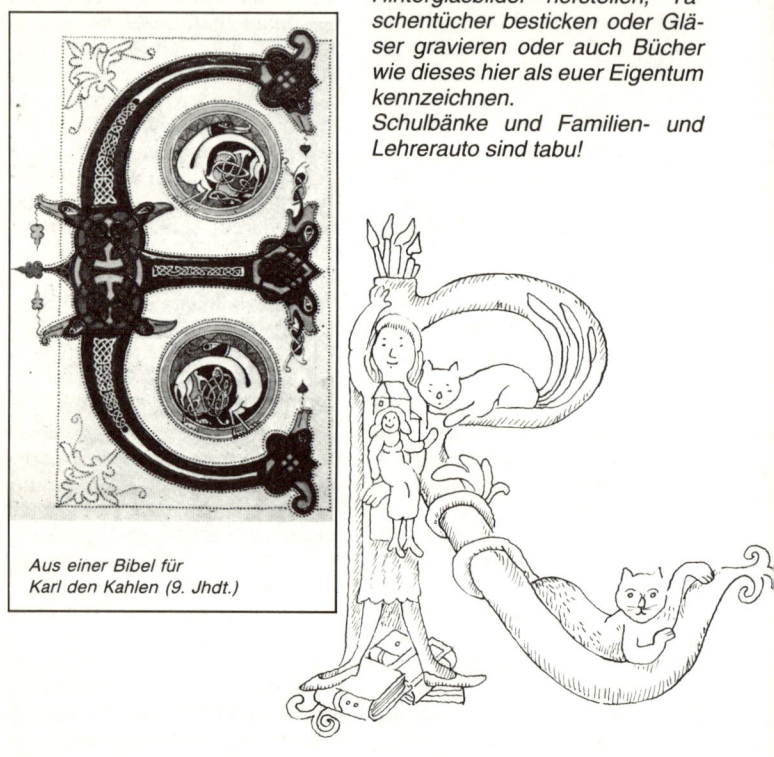

*Aus einer Bibel für
Karl den Kahlen (9. Jhdt.)*

64

Ora et labora

nzwischen war schon über eine Woche mit Ludwig vergangen, und obwohl sie hart arbeiten mussten, machte den Kindern doch insgesamt der Unterricht Spaß, denn wenn es gar zu arg wurde, wussten sie inzwischen genau, wie man ihren Lehrer zum Erzählen bringen konnte.

Heute waren sie zu der Stelle gekommen, wo Maria ihren ersten Sohn geboren, ihn in Windeln gewickelt und in eine Krippe gelegt hatte. Hier beschloss Johannes, er habe genug Latein gelernt und man müsse Ludwig wieder einmal ablenken. So fragte er ganz scheinheilig, ob »ora et labora« auch lateinisch sei. Das habe gestern Maria zu Walter gesagt und sie habe ihn dabei am Ohr gezogen, als er den Nachmittag freihaben wollte.

Ludwig reagierte, wie Johannes es erwartet hatte. »Natürlich ist das lateinisch und ich wundere mich, dass Maria den Satz kennt. Schließlich kann sie wie viele Leute weder lesen noch schreiben. Aber ich glaube fast, dass sie ihn nicht ganz verstanden hat. Er bedeutet: ›Bete und arbeite!‹ und man sagt, dass der heilige Benedikt ungefähr diese Anweisung an seine Mönche gegeben hat.«

»Wie du einer bist«, meinte Barbara. »Ich muss zugeben, du arbeitest hart, wenn du uns Latein beizubringen versuchst.
Aber sonst brauchen die Mönche im Kloster doch nichts zu tun.«

»Wer hat dir denn so einen Unsinn erzählt, Barbara?«, fragte Ludwig entrüstet. »Das Leben in der Klostergemeinschaft ist sehr hart. Ich glaube, als nächsten lateinischen Text werden wir die Regel unseres Ordens besprechen, damit ihr einmal seht, was das Leben eines Mönchs bestimmt.«

»Ach bitte«, sagte Johannes, der seine Felle davonschwimmen sah, »kannst du uns nicht jetzt vom Klosterleben erzählen?«

»Na gut«, sagte Ludwig, denn über dieses Thema redete er sehr gern, »ich kann euch ja mal erzählen, wie unser Kloster in Corvey gegründet worden ist. Als Kaiser Karl der Große im Frankenreich herrschte, glaubten die Sachsen noch an die alten heidnischen Götter. Karl kämpfte lange mit dem Sachsenherzog Widukind, bis dieser endlich besiegt war und sich mit seinem Stamm taufen ließ. Aber im Herzen blieben viele Sachsen Heiden und so kam der Plan auf, ein Kloster im Sachsenland zu gründen, um den christlichen Glauben zu bestärken.

Nun war damals eines der berühmtesten Klöster das in Corbie, das heute zu Frankreich gehört. Damals aber gab es noch kein französisches und kein deutsches Reich wie heute, sondern nur *ein* Frankenreich. Stellt euch vor, ich habe auf meiner Reise nach Santiago einmal sogar gehört, wie sich ein Franzose und ein Deutscher stritten, ob der Beherrscher dieses Reiches nun Karl der Große oder Charlemagne hieß.«

»Karl der Große, ist doch klar«, sagte Johannes.

»Na, da war der Franzose aber ganz anderer Ansicht«, fuhr Ludwig fort. »Jedenfalls, unter Karls Sohn Ludwig, den man auch den ›Frommen‹ nennt, haben Mönche aus Corbie ein Kloster im Sachsenland gegründet.

Die Lage dieses Klosters war aber so ungünstig, dass es auch noch sechs Jahre nach seiner Gründung nur durch Nahrungs- und Kleidungslieferung aus dem Mutterkloster im fernen Frankreich bestehen konnte. Dennoch wuchs beinahe täglich die Zahl der Männer aus den vornehmsten sächsischen Familien, die in dem neuen Kloster als Mönche Gott dienen wollten. Schließlich kam der Abt von Corbie selbst zu seinem Tochterkloster, um nach dem Rechten zu sehen. Er fand an der Weser in der Nähe eines Gutes namens Höxter – heute ist das eine Stadt – einen Ort, der besser für ein Kloster geeignet schien als der zunächst gewählte. So beschloss man hier den Boden urbar zu machen. Urbar heißt ›für den Ackerbau geeignet‹, Barbara.«

»Danke, Magister Ludwig, das wollte ich gerade fragen. Wie ging es dann weiter?«

»Was dann geschah«, fuhr Ludwig fort, »mussten wir in der Klosterschule alle auswendig lernen. Ich glaube, ich weiß es noch wortwörtlich:

Sie kamen also im Jahre der göttlichen Menschwerdung 822 am 6. August und im 11. Regierungsjahre des durchlauchtigsten Kaisers Ludwig an den erwähnten Ort, und nachdem sie sich allenthalben umgesehen und überall umhergegangen waren, warfen sie sich zum Gebet nieder und sangen Psalmen, welche zu dieser Verrichtung passten. Nach beendeter Litanei und Gebet nahmen sie die Messschnur, schlugen Pflöcke ein und fingen an abzumessen, zuerst die Kirche, dann das Wohngebäude für die Brüder. Nachdem sie damit fertig waren, bestimmten sie noch Leute, um mit der Aufrichtung einiger Gebäude zu beginnen, und kehrten nach Hause zurück. Zuvor baten sie aber noch den Bischof von Paderborn zu kommen, den Platz zu segnen, die

Fahne des Kreuzes an der Stelle des Hochaltars aufzupflanzen und dem Ort den Namen COR-BEIA zu geben. Dies geschah am 25. August, am selben Tag begannen die, welche zugegen waren, mit der Errichtung der Gebäude. Es waren aber nur wenige bis zum 26. September. Am 25. dieses Monats machten sich nämlich die ringsum Wohnenden, Alt und Jung, mit ihrer ganzen Habe auf, kamen des andern Tages an den bestimmten Ort und feierten das heilige Messopfer daselbst, Gott lobend, dankend und preisend.

Ich glaube, ihr seht, dass es viel Arbeit ist, ein Kloster zu errichten, und dass es mit Beten allein nicht getan war.«
»Das scheint mir auch so«, sagte Johannes, »wenn ich sehe, wie lange man hier in Köln schon an einigen Kirchen baut. Aber das Kloster war doch auch bestimmt nicht in einem Sommer fertig?«
»Du hast Recht«, erwiderte Ludwig, »solange ich mich erinnern kann, ist Corvey immer wieder umgebaut worden. Heute ist unser Kloster beinahe eine kleine Stadt für sich. Ich glaube, ich habe in der Bibliothek von St. Martin einen Plan eines Klosters gesehen. Den bringe ich morgen einmal mit. Dann könnt ihr sehen, was es in einem Kloster alles gibt.«

Am nächsten Morgen rollte Ludwig einen riesigen Plan, er war fast vier Fuß breit und zwei-einhalb Fuß (genau 1,10 x 0,75 m) hoch, vor den Kindern aus.

Das war recht verwirrend, denn einen Grundriss hatten die Kinder noch nie gesehen. Ludwig hatte sich das gedacht und vorsichts-halber ein Rätsel mitgebracht. Er forderte Johannes und Barbara auf sich den Plan genau anzu-schauen und dann die Wörter rich-tig einzutragen. Die Anfangsbuch-staben der ersten fünf und die Endbuchstaben der letzten sechs Wörter würden ihnen dann verra-ten, für welches Kloster in der Schweiz der Plan um 820 entwor-fen wurde.

Barbara und Johannes brauchten fast eine Stunde, um alles heraus-zufinden. Bei euch geht das sicher schneller.

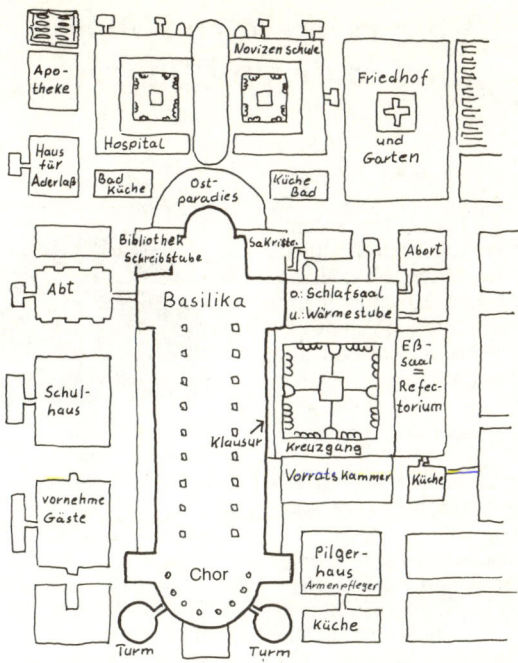

1. Kein Wunder, dass sie in der Nähe der Bibliothek lag.
2. Diese Heilmethode wendet man im Haus neben der Apotheke an.
3. So nennt man die Männer, die sich um Aufnahme ins Kloster bewerben. Ihre Kirche und Schule lagen zwischen Hospital und Friedhof.
4. Zu diesem Bereich, der den Kreuzgang umschloss, hatten nur Mönche Zutritt.
5. Rechts und links vom Chor stand je einer.
6. In diesem überwölbten Gang um einen Innenhof herum konnten die Mönche in aller Stille nachdenken. Für die werdenden Mönche gab es einen zweiten.
7. So nennt man auch die Klosterkirche.
8. Unten war die Wärmestube und oben?
9. Was ist ein Refektorium?
10. Wenn sich der Arme an den Armenpfleger wendete, fand er vielleicht für die Nacht nebenan in ihr einen Platz.
11. Dazu diente der Friedhof auch.

69

Vom rankenden Kürbis
und anderen Pflanzen

Barbara fand auf dem Klosterplan besonders die Gärten interessant. Im nächsten Frühjahr wollte sie nämlich selbst einen Garten anlegen. Zusammen mit ihrer Mutter hatte sie schon ein Stück Wiese hinter dem Haus für diesen Zweck ausgesucht. Daher wollte sie nun von Ludwig wissen, was man denn in den Klostergärten anbaute.

Zu ihrem Erstaunen antwortete Ludwig nicht auf ihre Frage, sondern begann laut:

»Und ebenso hebt sich aus winzigem Samen der rankende Kürbis und so wie der Efeu mit Blättern umwickelt die hohe Ulme, so liebt auch der Kürbis, aus schwächlichem Trieb sich weithin erhebend, die stützenden Stangen und Gabeln, die der Gärtner ihm beigibt.«

»Warum sprichst du so seltsam?«, fragte Barbara, die blauen Augen vor Erstaunen weit aufgerissen, nachdem sie mit offenem Mund zugehört hatte.

»Das ist aus einem Gedicht über die Anlage eines Klostergartens, das Walahfried Strabo geschrieben hat. Er lebte zur Zeit Ludwigs des Frommen, also damals, als auch mein Kloster gegründet

worden ist. Er war Abt des berühmten Klosters auf der Bodenseeinsel Reichenau.«

Übrigens:

*Krapp*wurzeln dienten zur Rotfärbung.

*Kiefer*samen schmecken wie Nüsse.

Flaschenkürbisse schmecken nicht nur gut, sondern ihre Haut kann getrocknet als Behälter verwendet werden.

Noch mehr Gemüse

Wer mit den genannten Pflanzen noch nicht zufrieden ist, wird vielleicht die folgende Liste aus einer Anweisung Karls des Großen an seine Gutsverwalter interessant finden. Allerdings war das Reich Karls des Großen sehr groß und erstreckte sich auch über wärmere Gegenden. Manche der Pflanzen wachsen also bei uns nicht.
Vier Pflanzen sind hineingepfuscht. Wisst ihr, welche?

Anis
Bärenwurz
Bohnenkraut
Brunnen-
kresse
Dill
Eberreis
Eibisch
Endivie
Faseolen
Feldkümmel
Fenchel
Flaschenkür-
bis
Frauenminze
Gartenrauke
Gurke
Haselwurz
Heliotrop
Hornklee
Kakao

Kardendistel
Karotten
Katzenminze
Kerbel
Kichererbse
Klette
Knoblauch
Kohl
Kohlrabi
Koloquinten
Koriander
Krapp
Krauseminze
Kresse
Kreuzkümmel
Lauch
Liebstöckel
Lilien
Malven
maurische
Erbsen

Mauskraut
Meerzwie-
beln
Melde
Melone
Muskateller-
salbei
Myrrhendol-
de
Pastinake
Pfefferminze
Pferdeboh-
nen
Poleiminze
Porree
Rainfarn
Raute
Rettich
Rosen
Rosmarin
Runkelrüben

Sadebaum
Salat
Salbei
Schalotten
Schlafmohn
Schlangen-
wurz
Schnittlauch
Schwarzküm-
mel
Schwertlilie
Sellerie
Senf
Sesel
Tabak
Tausendgül-
denkraut
Weißwurz
Wolfsmilch
Vanille
Zwiebeln

Obst und
Nüsse
(versch. Sor-
ten)
Ananas
Apfel
Birne
Eberesche
Edelkastanie
Feige
Kiefer
Kirsche
Lorbeer
Mandel
Maulbeere
Mispel
Nuss
Quitte
Pfirsich
Pflaume

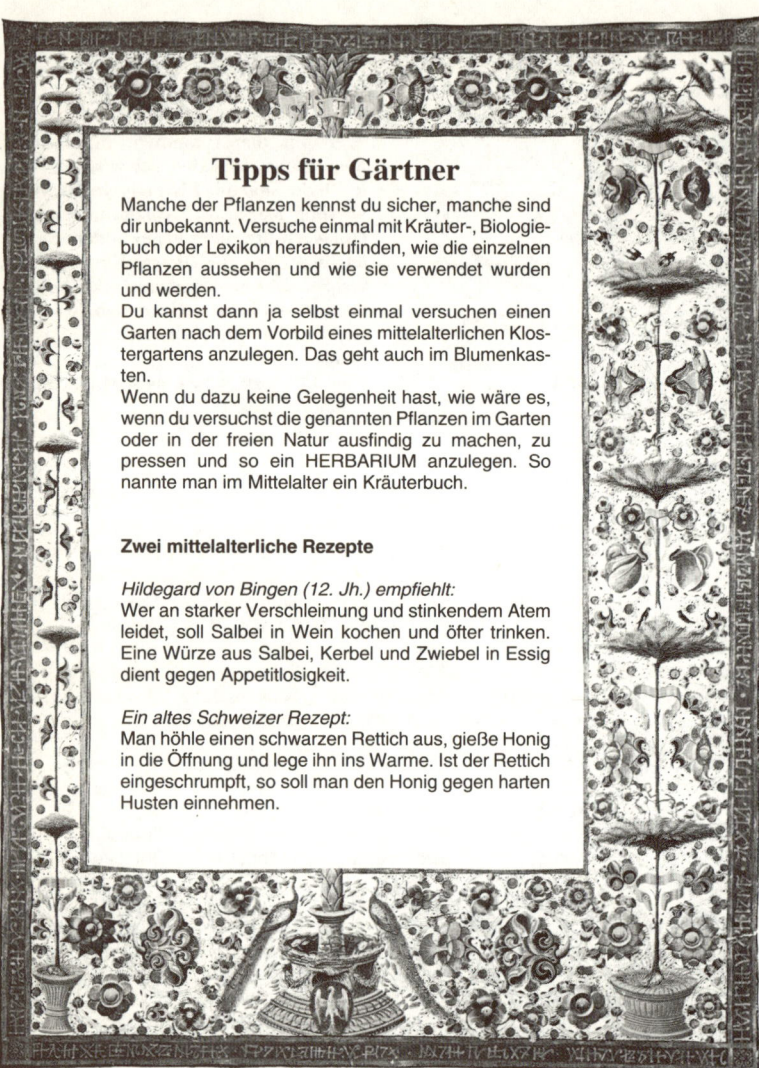

Tipps für Gärtner

Manche der Pflanzen kennst du sicher, manche sind dir unbekannt. Versuche einmal mit Kräuter-, Biologiebuch oder Lexikon herauszufinden, wie die einzelnen Pflanzen aussehen und wie sie verwendet wurden und werden.

Du kannst dann ja selbst einmal versuchen einen Garten nach dem Vorbild eines mittelalterlichen Klostergartens anzulegen. Das geht auch im Blumenkasten.

Wenn du dazu keine Gelegenheit hast, wie wäre es, wenn du versuchst die genannten Pflanzen im Garten oder in der freien Natur ausfindig zu machen, zu pressen und so ein HERBARIUM anzulegen. So nannte man im Mittelalter ein Kräuterbuch.

Zwei mittelalterliche Rezepte

Hildegard von Bingen (12. Jh.) empfiehlt:
Wer an starker Verschleimung und stinkendem Atem leidet, soll Salbei in Wein kochen und öfter trinken. Eine Würze aus Salbei, Kerbel und Zwiebel in Essig dient gegen Appetitlosigkeit.

Ein altes Schweizer Rezept:
Man höhle einen schwarzen Rettich aus, gieße Honig in die Öffnung und lege ihn ins Warme. Ist der Rettich eingeschrumpft, so soll man den Honig gegen harten Husten einnehmen.

Gut gewürzt

arbara und Johannes waren festlich gestimmt. Heute war der 25. Dezember und man feierte Weihnachten und den Beginn des neuen Jahres. Viele Gäste wurden erwartet und es duftete im ganzen Haus nach Gewürzen. Da konnte ein Besuch in der Küche nicht schaden, zumal man gestern, am Heiligen Abend, wie es Sitte war, gefastet hatte.

So standen Barbara und Johannes nun in der geräumigen Küche inmitten des geschäftigen Treibens, in dem Maria sehr energisch ihre Anweisungen an die Mägde Emma und Hedwig erteilte. Walter allerdings war nirgends zu erblicken.

Im Herd loderte ein großes Feuer. Aber trotzdem war kaum Rauch in der Küche, denn bei Overstolzens gab es schon einen Kamin, durch den der Rauch abziehen konnte, während in vielen anderen Häusern noch eine einfache Öffnung oben in der Wand dazu herhalten musste.

Über dem Feuer hingen mehrere Kessel, aus denen man Wasserdampf aufsteigen sah. Hedwig war gerade dabei, Fleischstücke aus einem Bottich zu nehmen und in das siedende Wasser in einem der Kessel zu werfen. Es war Trocken- und Pökelfleisch, das schon seit mehreren Tagen gewässert wurde. An frisches Fleisch heranzukommen war jetzt im Winter schwer. Ende November war zum letzten Mal ein Kalb geschlachtet worden, von dem natürlich nichts mehr übrig war. Aber ein wenig frisches Kalbfleisch hatte Maria auf dem Markt besorgt, sodass sie frisches, getrocknetes und gesalzenes Fleisch mischen konnte.

Zugegeben, schmecken tat das alles etwas fad, aber wozu waren denn Gewürze da? Schließlich war man ja nicht bei armen Leuten. Daniel brachte aus Frankreich und Italien immer Muskat, Pfeffer, Zimt, Anis und Nelken mit. Damit bekam alles Geschmack.

Die Gewürze waren auch der Grund, warum Walter nicht zu sehen war. Auf dem Land kannte er vieles nicht, und als Maria ihm die Pfefferdose reichte und ihm auftrug in jeden Wasserkessel eine Prise Pfeffer hineinzutun, rief er erstaunt aus: »Was ist denn das?« Dabei pustete er kräftig in die Dose. Das Ergebnis war, dass alles in der Küche nieste und Walter in den Keller geschickt wurde.

Hier ging er nicht ungern hin. Vor den Geistern, die dort unten ihr Unwesen trieben, wie Maria erzählte, hatte er nur wenig Angst. Wichtiger für ihn war es, dass er im Keller vor Maria sicher war, und außerdem fühlte er sich dafür verantwortlich zu prüfen, ob auch nichts von den wohlschmeckenden Vorräten, die hier kühl gelagert wurden, verdorben war.

Gerade kam er mit einem Korb voll getrockneter Birnen, Äpfel, Quitten und Pfirsiche wieder in die Küche. Die getrockneten Erbsen und den Reis hatte er natürlich vergessen. Aber seine Hoffnung auf einen neuerlichen Gang in den Keller war vergeblich, denn Maria schickte Emma. Walter sollte auf die Hühnchen aufpassen, die auf einem langen Spieß über dem Feuer hingen und die Barbara und Johannes schon jetzt das Wasser im Mund zusammenlaufen ließen.

Johannes wollte auch helfen und Maria erlaubte ihm den Spieß zu drehen. Walter sollte die Hühnchen regelmäßig begießen. Barbara schaute unterdessen zu, wie Maria die Speisen mit Safran, Maulbeeren, Petersilie und anderen geheimnisvollen Kräutern gelb, blau, grün und rot färbte.

Johannes widmete sich der ihm anvertrauten Tätigkeit mit Hingabe, während Walter schrecklich fluchte, als er sich zum zweiten Mal bei dem Versuch, die Hühnchen mit Salzwasser zu begießen, die Finger verbrannt hatte. Schließlich war er es leid.

»Bin gleich wieder da«, rief er Johannes zu. Tatsächlich kam er kurz darauf zurück und hatte den Löffel, mit dem er das Fleisch begießen sollte, durch einen langen Holzstock verlängert.

Johannes war voller Bewunderung. So viel Erfindungsgeist hatte er Walter nicht zugetraut. Plötzlich roch es verbrannt. Johannes hatte vor Staunen vergessen den Spieß zu drehen. Walter wusste aber auch hier Rat. So viel hatte er bei Maria gelernt: Ob zu fade oder angebrannt, mit Gewürzen ließ sich alles retten. Und so kam es, dass später bei Tisch Daniel von dem köstlichen Zimthuhn schwärmte, seine Frau die Köchin für die gute Idee lobte, das Huhn mit Muskat zu würzen, und Gottschalk bei so viel Lob nicht wagte zuzugeben, dass für seinen Geschmack doch etwas zu viel Pfeffer am Fleisch war. Nur Johannes wusste, wer hier seinen Senf dazugegeben hatte.

Die Fleischstücke, hier Hühner, werden zerkleinert.

In diesem großen Kessel konnten mehrere Speisen auf einmal zubereitet werden, indem sie auf Holzbrettchen übereinander geschichtet wurden. Nach unten kamen die Speisen, die die größte Hitze brauchten.

Bevor Walter die Hähnchen begießt, sorgt er noch einmal für das Feuer. Man beachte besonders seine schöne Schürze.

Hier werden Mandeln und Reis für die Nachspeise gründlich zerstampft.

So sieht Walters neue Erfindung aus: der durch den Holzstock verlängerte Löffel.

Gottschalk sieht, wie die Familie Overstolz auf das Essen wartet. Teller und Gabeln sucht man auf dem Tisch vergebens. Sie waren im Mittelalter nicht üblich. Anstelle von Tellern gab es für jeden Gast geschnittenes Brot. Das Messer brachte der Gast selbst zum Essen mit.

Gabeln gab es nur zum Aufspießen von Fleischstücken, aber nicht zum Essen. Da man mit den Fingern – allerdings bei feinen Leuten nur mit drei Fingern – aß, standen Wassergefäße, so genannte Aquamanile, auf dem Tisch bereit, damit man sich die Hände waschen konnte.

77

Eine wichtige Quelle für unsere Kenntnis der Essgewohnheiten des Mittelalters sind Abfallgruben, in denen man die Reste dessen findet, was den menschlichen Darm unverdaut passiert hat. So weiß man zum Beispiel, dass man in Neuss Roggen und Hafer bevorzugte, während Gerste und Hirse weniger angepflanzt wurden. Auf der Speisekarte standen auch Kirschen, Pflaumen, Schlehen, Pfirsiche, Maulbeeren, Mispel, Erdbeere, Weintraube und fast jede Art von Waldobst. Die Speisen waren außergewöhnlich gut gewürzt, im 12. Jahrhundert zum Beispiel mit der damals noch neuen Petersilie. Auffallend war der Fund der Samenschalen von Rübenkohl in den Neusser Latrinen. Der Menge nach zu urteilen, muss dieses Gemüse eine häufige Speise der Neusser gewesen sein.

Da reiche Leute oft Angst hatten vergiftet zu werden, beschäftigten sie Vorkoster, die die Speisen zu probieren hatten. Daneben glaubte man Gift in den Speisen mit einem Narwalzahn, den man für das Horn eines Einhorns hielt, aufspüren zu können. Für einen solchen Zahn zahlte man dessen zehnfaches Gewicht in Gold. Dem persönlichen Schutz diente es auch, so nimmt man an, dass die Speisenden (so die Abbildung) immer nur auf der der Wand zugekehrten Seite des Tisches saßen. So konnten sie nicht von hinten erdolcht werden.

Konservenrätsel

Wer den Text der Geschichte genau gelesen hat, müsste jetzt eigentlich mehrere Verfahren nennen können, wie man im Mittelalter Nahrungsmittel konserviert hat.

Menü

**Gedämpfte Forelle
und
Camelinesauce**

–

Hühnerragout

–

**Kalbspfeffer
mit
Kastanienpüree
oder
gebratene Hähnchen
mit Erbsenmus**

–

Blanc manger

–

Apfelkuchen

*(Weihnachtsessen im Haus
Overstolz)*

Speisekarten kamen eigentlich erst im Spätmittelalter auf. Im 12. Jahrhundert gibt es noch keine festgelegte Reihenfolge der Speisen. Man kann aber vermuten, dass die Süßspeisen den Schluss des Mahles darstellten. Die normale Zahl der Gänge war drei oder vier, bei einem Festmahl sechs oder sieben. Die Speisekarte eines Adligen unterschied sich von der eines Bürgers durch die Qualität und Vielfalt der Speisen, die zu einem Gang gereicht wurden, nicht durch die Zahl der Gänge. Durch die Verwendung kostbarer Gewürze konnte man seinen Reichtum zeigen.

Eine Muskatnuss konnte den Wert von sieben fetten Ochsen haben.

Ein Pfund Safran hatte den Wert eines Pferdes. Der Westgotenkönig Alarich soll die Stadt Rom im Jahre 410 n. Chr. gegen die Zahlung von 3000 Pfund Pfeffer verschont haben.

Zucker wird in Europa erst seit dem 10. Jahrhundert allgemein verwandt.

Getrunken wurden neben Wasser vor allem Wein und Bier.

Menü

Weißkohlsalat mit hart gekochten Eiern und Bratfisch; ungarische Käsesuppe mit Zwiebeln; frisch gesottene Eier

–

Eingemachte schwarze Karpfen

–

Grünkraut mit Backfisch oder gehackten Rüben

–

Eingemachter Hering mit Zwiebeln

–

Warme Erbsen mit Sauerkraut

–

Stockfisch mit Zwiebeln und Milch gekocht, mit Butter

–

Gebackener Kuchen, Äpfel, Birnen, Nüsse, Käse

Fastenspeisefolge eines Bauern aus dem 16. Jahrhundert

Im Mittelalter nahm man die Fastenzeit, das heißt die vierzig Tage vor Ostern, den Freitag und die Tage vor den Festtagen sehr ernst. Noch im 16. Jahrhundert wurde ein Engländer, der am Freitag nicht Fisch, sondern Fleisch aß, durch den Galgen hingerichtet. Vermieden werden sollten außer Fleisch auch Eier und Butter. Typische Fastenspeise wurde der Hering.

Die Frage, ob man an einem bestimmten Tag Fleisch oder nur Fisch essen durfte, stellte sich für die meisten Leute erst gar nicht, denn neben Brot und Wasser gab es bei armen Leuten Milch, Käse, Kohl, Lauch, Borretsch, Zwiebeln, Weinraute, Kraut und Rüben oder Getreidebrei.

Wochenbedarf der königlichen Küche in Paris im 14. Jh.:
496 Schafe, 70 Stück Großvieh, 70 Kälber, 63 Schweine, 17 Pökelschweine, 1 521 Ziegen, 14 900 Hühner, 12 390 Tauben, 15 111 Junggänse.

Wie man zu drei Kochtöpfen in seinem Familienwappen kommen kann

Guillaume Tirel, genannt Taillevent, war 1326 als 14-jähriger Küchenjunge bei Königin Johanna von Frankreich. 1381 wurde er erster Hofkoch bei Karl VI. Er starb 1395. Von ihm stammt das ausführlichste Kochbuch aus dem Mittelalter.

Maria hat manche Speisen schon vor Taillevent gekannt, uns aber sind die Rezepte ihres Menüs nur durch ihn bekannt. Hier ist eine Auswahl an Rezepten für euch zum Nachkochen.

Kastanienpüree nach englischer Art

Für 6 Personen
1 kg Esskastanien
7,5 dl Wasser
4 hart gekochte Eigelb
250g Schweineleber,
in Stücke geschnitten
2 Teelöffel frisch gemahlener
schwarzer Pfeffer
oder nach Belieben
1 Prise Safran, in zwei Esslöffeln
kochendem Wasser aufgelöst
Salz nach Belieben

Die Kastanien werden mit dem Messer eingeschnitten, mit Wasser bedeckt zum Kochen gebracht, handvollweise abgegossen, geschält und die Innenhaut entfernt. Sollten sie zu hart werden und sich nicht mehr schälen lassen, bringe man sie wieder kurz zum Kochen.

Die geschälten und enthäuteten Kastanien werden mit Wasser etwa 30 Minuten weich gekocht, abgetropft (Abguss beiseite stellen), mit dem hart gekochten Eigelb und der Schweineleber unter Beimengung des Aufgusses püriert, sodass die Masse leicht vom Löffel tropft. Das Püree wird nun wieder in die Kasserolle gegeben, Pfeffer und der aufgelöste Safran dazu und unter ständigem Rühren erhitzt. Etwa 5 Minuten kochen lassen, bis es dick wird, eventuell Flüssigkeit nachgießen, wenn es zu sehr eintrocknen sollte. Abschmecken – es darf recht pfeffrig sein.

Gestreifter Blanc manger

Für 6–8 Personen
6 Esslöffel kochendes Wasser
180 g ganze, geschälte Mandeln,
fein gemahlen
1 l Milch
180 g Reismehl
1 Prise Safran
120 g Zucker
1 Teelöffel Salz
30 g Schmalz oder Fett
1 Teelöffel Zimt nach Belieben
½ Teelöffel Nelkenpulver
nach Belieben
½ Teelöffel Ingwerpulver
nach Belieben
zum Färben Safran, Randen (Rote Bete), Spinat oder Beerensaft
1 Puddingform (1–1 ¼ l)

Diese Süßspeise wird am besten in einer tiefen Pudding- oder Charlottenform zubereitet, weil dann die verschiedenen Farbstreifen am schönsten zur Geltung kommen.
Die Form leicht einölen. Den Mandeln genug kochendes Wasser und dem Reismehl genug kalte Milch beigeben, um eine glatte Masse zu erhalten. Die restliche Milch erhitzen, zwei Teelöffel davon mit dem Safran verrühren, etwa 20 Minuten stehen lassen. Die verbleibende heiße Milch langsam in die Mandelmasse einrühren und wieder in die Kasserolle geben. Zucker, Salz, Schmalz und Gewürze beigeben und zum Kochen bringen; 10 Minuten leicht kochen. Diese stark eingedickte Masse langsam in den Reisschleim einrühren, noch mal 10 Minuten leicht kochen lassen, bis sie sich von der Kasserolle löst. In 5 Teile teilen. Eine Portion rot färben und in die Form gießen, die nächste grün usw. und jeweils nachgießen; zwischendurch mal eine Schicht weiß lassen. Die oberste Schicht sollte gelb sein. Die fertig gefüllte Form, mit Wachspapier zugedeckt, über Nacht stehen lassen. Kurz vor dem Auftragen die Masse mit einem Messer leicht von der Form lösen und auf eine Platte stürzen.

Apfelkuchen

1 Mürbeteig für Boden und Decke
Die Füllung:
1 Zwiebel, gehackt
30 g Butter oder Öl
5 Äpfel
3 getrocknete Feigen, verhackt
100 g Rosinen
2 dl Portwein oder süßen Weißwein
1 Teelöffel Zimtpulver
½ Teelöffel Ingwerpulver
½ Teelöffel Anispulver
1 Prise Safran, in 1 Esslöffel kochendem Wasser aufgelöst
1 Kuchenblech mit Rand (22 cm)

Die Zwiebel in 2 Esslöffel Butter oder Öl dünsten (nicht braun werden lassen!). Die Äpfel schälen und entkernen, zwei davon in kleine Stücke schneiden und mit der Zwiebel, den Feigen und Rosinen und 1 ¼ dl Wein vermengen. Die restlichen Äpfel reiben und gleich mit etwas Wein bedecken, damit sie nicht braun werden. Etwa ⅓ davon unter die Rosinenmischung ziehen. Den restlichen geriebenen Äpfeln Zimt, Ingwer, Anis und die Hälfte des aufgelösten Safrans beigeben. Etwas mehr als die Hälfte des Teiges ausrollen und damit das eingefettete Kuchenblech auslegen. Zuerst die Rosinenmasse einfüllen, dann die gewürzte Apfelmasse gut andrücken. Den restlichen Teig ausrollen und darüber legen, die Ränder gut andrücken. Den Deckel mit dem restlichen aufge-

lösten Safran bestreichen und in der Mitte ein Loch machen, damit der Dampf entweichen kann. Im vorgeheizten Ofen etwa 55 Minuten backen. Warm oder kalt zu Tisch bringen.

Gedämpfte Meerbarbe mit Camelinesauce

Für 4 Personen
4 Meerbarben oder andere kleine Seefische oder Forelle (je etwa 400–450 g)

DIE SAUCE:
2,5 dl Wein oder Essig
5 Scheiben Brot (ohne Rinde)
1 ½ Teelöffel Zimtpulver
1 Teelöffel Ingwerpulver
Körner von zwei Kardamomschoten, zerstoßen
½ Teelöffel Nelkenpulver
½ Teelöffel Muskatblütenpulver
½ Teelöffel frisch gemahlener schwarzer Pfeffer
Salz nach Belieben

Die Fische gut waschen und auf Papier trocknen, in eine Kasserolle legen, salzen und mit Wasser nicht ganz bedecken. Die Kasserolle mit einem Deckel oder mit Folie zudecken und in mittelheißem Ofen (180° C) 20–25 Minuten dämpfen lassen, Fische auf Papier abtropfen lassen. Die Sauce wird separat gereicht.
DIE SAUCE: Den Essig über das

Brot gießen und etwa 5 Minuten stehen lassen, bis es gut durchgeweicht ist. Zimt, Ingwer, Kardamom, Nelken, Muskatblüte und Pfeffer dazugeben und die Mischung pürieren. Mit Salz abschmecken. Die Masse sollte sich leicht vom Löffel lösen.

riebenes Weißbrot), diese mit dem Wein gut durchtränken und 5 Minuten stehen lassen, dann die Brühe dazugeben. Bei Verwendung getrockneter Erbsen diese 1–1 ½ Stunden zugedeckt leicht kochen lassen, bis sie zum Pürieren weich genug sind. Das Püree muss dickflüssig sein; mit Salz und Pfeffer abschmecken.

Kalbspfeffer (Ragout)

Für 4 Personen
ZUM EINDICKEN:
3 Esslöffel (250 g) leicht geröstete Weißbrotkrume
2 dl Rot- oder Weißwein
2,5 dl Rindsbrühe
ODER
60 g getrocknete Erbsen (über Nacht in Wasser eingelegt und gut abgetropft)
4 dl Wasser
Pfeffer
FÜR DEN PFEFFER:
2 Esslöffel Schmalz oder Öl
2 kg Kalbfleisch (Schulter oder Keule, ohne Knochen)
4 mittlere Zwiebeln, fein gehackt
2 Teelöffel Ingwerpulver
2 Teelöffel Nelkenpulver
Kardamomkörner
1 Prise Safran
2–3 Esslöffel Verjus (siehe unten)
2–3 Esslöffel Essig

Ursprünglich wurde der Pfeffer auf einer dicken Scheibe Brot gereicht, aber heute gäbe man Reis dazu.
EINDICKEN DER SAUCE: Bei Verwendung von Brotkrumen (ge-

ZUBEREITUNG DES PFEF-
FERS:

Das Fleisch über der offenen
Flamme, vorzugsweise Holzkoh-
lenfeuer, leicht anbräunen und in
etwa 2 cm dicke Würfel schneiden.
In einer Kasserolle Schmalz oder
Öl erhitzen und das Fleisch auf
allen Seiten braun braten (am besten in zwei Arbeitsgängen). Fleisch
herausnehmen und die fein gehackten Zwiebeln im Fond gold-
gelb werden lassen. Nun das
Fleisch wieder beigeben, die wein-
getränkten Brotkrumen oder das
Erbsenpüree dazu und zugedeckt
zum Kochen bringen. Mit einigen
Löffeln der so erhaltenen Sauce
die bereitgestellte Gewürzmi-
schung aus Ingwer, Zimt, Nelken,
Kardamom und Safran anfeuchten
und dem Fleisch beimengen. Salzen und pfeffern. Das Ragout auf
dem Herd oder in mittelheißem
Ofen (160° C) zugedeckt 1-1 ½
Stunden weich kochen. Zuletzt
Fruchtsaft und Essig nach Belieben einrühren (die Menge richtet
sich nach dem Säuregehalt).

ZUBEREITUNG DES VERJUS:

Saure Trauben und Äpfel, Holzäp-
fel oder andere herbe oder unreife
Früchte durchpressen (Obstpres-
se, Mixer), nötigenfalls sieben.

Hühnerragout

Für 4 Personen
2 Esslöffel (200 g) geröstete Weiß-
brotkrume

1 Brathuhn (etwa 1–1 ½ kg),
in Stücke geschnitten,
mit der Leber
2 dl Rotwein
2 dl Rindsbrühe
2 Esslöffel Schmalz
Salz und Pfeffer
2 Esslöffel Verjus
1 Teelöffel Ingwerpulver
1 Teelöffel Zimtpulver, gestoßene
Körner einer Kardamomschote

Die Hühnerleber fein hacken,
durch ein Sieb streichen, die Brotkrumen und den Wein dazugeben
und alles 5 Minuten durchtränken
lassen, dann die Rindsbrühe einrühren.

Das Schmalz in einer Kasserolle
erhitzen und die Fleischstücke
ringsum gut anbraten. Die mit Salz
und Pfeffer abgeschmeckte Le-
bermischung beigeben und zugedeckt auf dem Herd oder Ofen bei
180° C etwa 30 Minuten schmo-
ren, nicht zu weich werden lassen!
Die bereitgestellte Gewürzmi-
schung mit Verjus anfeuchten und
dazugeben. Noch etwa 10 Minuten kochen lassen, bis das Huhn
gut weich ist. Das Huhn herausnehmen und warm stellen. Die
Sauce einkochen, bis sie gut dunkel, glänzend und sehr dick ist.
Vor dem Auftragen über das an-
gerichtete Fleisch gießen.

Die Rezepte sind entnommen aus: Anne
Willan: Kochkünste aus sieben Jahrhun-
derten. Bern

19 + C + M + B + 93

s war an einem späten Nachmittag kurz nach Weihnachten, als Daniel Overstolz etwas außer Atem ins Haus trat. »Es ist furchtbar«, seufzte er, »seitdem wir in Köln die Gebeine der Heiligen Drei Könige aufbewahren, kommen immer mehr Pilger in die Stadt. Eigentlich wollte ich nur schnell zum Hafen, um nach einem Schiff aus England zu sehen, das ich erwarte, aber ich hatte Mühe durch die Menschenmassen durchzukommen.«

»Daniel«, sagte seine Frau, »als Kaufmann solltest du aber mehr Verständnis für die Pilger aufbringen. Schließlich sind Caspar, Melchior und Balthasar doch die Schutzheiligen der Reisenden.«

Daniel stimmte ihr zu und fuhr fort: »Auch war ich selbst dabei, als 1164 unser Erzbischof Reinald von Dassel die Reliquien der Heiligen von Mailand nach Köln überführen ließ. Mit eigenen Augen habe ich die Wunder gesehen, die sie bewirkt haben.«

»So alte Menschenknochen sollen Wunder bewirkt haben?«, fragte Johannes erstaunt.

Sein Vater wies ihn zurecht. »Das sind nicht Überreste von irgendwelchen Menschen, sondern von Heiligen. Sie bewirken, dass Todkranke vom Bett aufstehen und tanzen, Lahme wieder gehen und Blinde wieder sehen können. Kein Wunder, dass sich die Menschen um einen toten Heiligen streiten.«

»Wie in der Geschichte, die du uns vor ein paar Tagen über den heiligen Martin erzählt hast.«

Daniel ergänzte: »Deshalb hat Reinald auch aus Dankbarkeit an die Kirche in Hildesheim, wo er Propst war, drei Finger von unseren Heiligen Drei Königen abgegeben. Natürlich ist es auch . . .« – er zögerte ein wenig – »von großem wirtschaftlichem Nutzen, so attraktive Heilige in unserer Stadt zu haben. Wenn viele Pilger kommen, können wir viele Waren herstellen und verkaufen.«

Barbara, die mit großen Ohren zugehört hatte, sagte plötzlich: »Also sind Caspar, Melchior und Balthasar ein echter Segen für uns. Sie beschützen unseren Vater, wenn er unterwegs ist, und bringen uns obendrein noch etwas ein.«

Daniel lachte. »Ja, man sollte sie wirklich zu Stadtheiligen erklären und im Wappen aufnehmen.«

»Zumindest sollte man sie in einem kostbaren Schrein aufbewahren«, pflichtete Ursula ihrem Mann bei.

»Da hast du Recht«, sagte Daniel. »Die Fremden sollten sehen, wie viel uns Kölnern die neuen Heiligen wert sind. Auch wenn es mich einiges kosten wird, werde ich den Vorschlag von Erzbischof Philipp unbedingt unterstützen, von Nikolaus von Verdun einen Goldschrein herstellen zu lassen. Denn mir sind die drei Könige besonders liebe und teure Heilige.«

In der Tat übertrug der Kölner Erzbischof, Philipp von Heinsberg, dem berühmten Goldschmied Nikolaus von Verdun die Aufgabe, einen besonders kostbaren Goldschrein für die wertvollen Reliquien anzufertigen.

Nikolaus arbeitete lange in Köln und viele Schreine in den Kirchen Kölns und seiner Umgebung sind von seiner Kunst beeinflusst. Neben dem berühmten Altarbild, das

Nikolaus für Kloster Neuburg bei Wien schuf, ist der Dreikönigsschrein sein bedeutendstes Werk. Die Arbeit an ihm dauerte fast zwanzig Jahre. Vielen gilt er als der schönste Reliquienschrein des Mittelalters.

Was Daniel erzählt hatte

Als der heilige Martin (316–397) gestorben war, stritten die Bewohner der Städte Tours und Poitiers um seinen Leichnam. Die Bewohner von Poitiers begründeten ihren Anspruch damit, dass Martin bei ihnen Mönch und Abt gewesen war und sie ihn als Bischof nur an Tours ausgeliehen hatten. Sie forderten daher ihr Eigentum zurück. Dagegen hielten die von Tours, Martin habe in Poitiers zwei, in Tours aber nur einen Toten zum Leben erweckt und man habe einen Anspruch auf weitere Wunder und auf seinen Leichnam. So stritten sie, und als die Nacht hereinbrach, verriegelte man die Tore und umstellte die Leiche. Die von Poitiers wurden aber gegen Mitternacht vom Schlaf überwältigt. Da ergriffen die von Tours rasch den Leichnam, warfen ihn aus dem Fenster, wo er von anderen aufgefangen wurde, brachten ihn auf ein Schiff und entführten ihn nach Tours. Hier wurde er zum Schutzheiligen der Stadt, wie Gregor von Tours in seiner Fränkischen Geschichte erzählte.

Der Dreikönigenschrein im Hochchor des Kölner Doms, 1180–1200.

Was Daniel nicht erzählte

Eine Reliquie des heiligen Martin, seinen Mantel (lateinisch: cappa), ließ der deutsche König im Mittelalter auf seinen Reisen immer von seinen Hofgeistlichen mitführen. Da Martin der Schutzheilige des fränkischen Reichs geworden war, sollte er alle Handlungen des Königs mit seinem Schutz versehen. Besonders wichtige Verträge und Urkunden wurden auf Reliquien beschworen, um den Bestimmungen zusätzliche Kraft zu verleihen. Von dieser Reliquie sind die Namen Kapelle und Kaplan, was ursprünglich den Geistlichen am Königshof bezeichnete, abgeleitet.

Reliquien konnten nicht nur in Schreinen (von lateinisch scrinium = Kasten) aufbewahrt werden, sondern auch in anderen kostbaren Behältern. Einige von diesen wurden in der Form eines Fußes, eines Arms oder auch eines Kopfes gestaltet. Ein berühmtes Beispiel für ein Kopfreliquiar ist der Barbarossakopf, den Otto von Cappenberg, der Taufpate des Kaisers, von ihm geschenkt bekam. Otto fügte der Plastik drei Haare des Evangelisten Johannes hinzu und machte sie so zu einem Reliquienbehälter. Manchmal wurden auch extra Fenster aus Glas in die Behälter eingesetzt, damit die Gläubigen die Überreste der Heiligen auch genau sehen konnten.

Wenn ein König oder ein anderer Adliger seine Reliquie auf Reisen mitnehmen wollte, wählte er vielleicht als Behälter einen Beutel aus kostbarem Stoff, wie das Beispiel unten aus Sizilien nahe legt. Aber auch die Heiligen in den anderen Behältern wurden erst mit kostbaren Stoffen, meist aus Byzanz, umwickelt und dann in den Holzsarg, der sich unter dem eigentlichen Schrein aus dem meist vergoldeten Kupferblech befand, gelegt.

Wenn Farben fließen ...

Die Goldschmiedewerktstätten Kölns waren im 12. Jahrhundert in ganz Europa berühmt. Viele Schreine, die in diesen Werkstätten hergestellt wurden, sind noch heute in Kölner Kirchen zu bewundern. Da sind Ranken, Tiere und Köpfe aus vergoldetem Kupferblech gestanzt (mit Stempelabdruck), getrieben (von innen ausgehöhlt) oder mit Formen gegossen. Besonders interessant ist die Herstellung der Emailarbeiten.

Wie man diese Emailarbeiten herstellte, wissen wir aus dem Werk eines gewissen Presbyters Theophilus aus dem 12. Jahrhundert. Der Name Email (mittelalterlich: smaltum) bedeutet »Schmelzen«. Dazu wird gefärbtes Glas in flüssigem Zustand auf ein Metall, dessen Schmelzpunkt höher liegt, z.B. Kupfer, Silber oder Gold, aufgetragen und bei 700 bis 800° Celsius im Schmelzofen mit der Unterlage verschmolzen.

Es gab zwei verschiedene Techniken. Beim Goldzellenschmelz wurde die Zeichnung in die Metallplatte eingeritzt. Dann wurden Metallstege so aufgelötet, dass ein Netz von Zellen entstand. Dort konnte das flüssige Glas eingefüllt werden. Nach dem Brennen wurde die Oberfläche so geschliffen, dass eine glatte Ebene entstand.

Im 12. Jahrhundert kam dann ein neues Verfahren auf, der Grubenschmelz. Hier wird die Zeichnung auf einer dicken Metallplatte vorgeritzt. Dann wird die zu emaillierende Fläche mit einem Meißel ausgehoben, sodass die Glasmasse in die entstandenen »Gru-

91

ben« eingefüllt werden kann.
Die leuchtenden Farben entstehen durch Metallzusätze im Glas.

Farbe	Metallzusatz
gelb	Silberoxid
rot	Eisenoxid
blau	Kobalt
grün	Kupferoxid
weiß	Zinnoxid

Du kannst natürlich die unten abgebildete Emailarbeit selbst nachzuarbeiten versuchen. Aber wenn du dazu keine Möglichkeit hast, solltest du versuchen sie mit leuchtenden Filzstiften auszumalen, damit du siehst, wie farbig das Mittelalter war.

Malen mit Licht

Die bunten Farben, mit denen die Kirchenfenster in Chartres die biblischen Geschichten erzählen, kannst du sehen, wenn du das Fenster ausmalst, das die Geburt Jesu darstellt. Dabei ist 1 = Gelb, 2 = Rot, 3 = Blau, 4 = Grün, 5 = Braun und 6 = Orange. Die übrigen Felder kannst du so ausmalen, wie es dir gefällt.

Römisch oder romanisch

RÖMISCH oder ROMANISCH, das ist hier die Frage.

Hier findest du mehrere Grund-risse von romanischen Kirchen des Mittelalters. K. Einhorn hat leider die Bildunterschriften ver-wechselt und noch den Grund-riss einer römischen Badean-stalt hinzugefügt, weil er lieber schwimmen geht als in die Kir-che. Es fällt dir aber hoffentlich nicht schwer, durch genaues Beobachten Text und Bild wie-der zusammenzubringen.

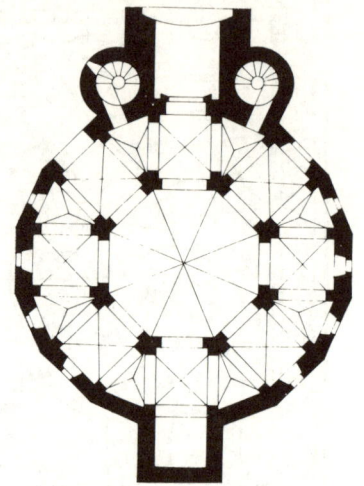

Die Kirche St. Maria im Kapitol, um 1050 in KÖLN erbaut, zeigt eine besonders schöne kleeblatt-artige Gestaltung des Ostchors und des Querhauses.

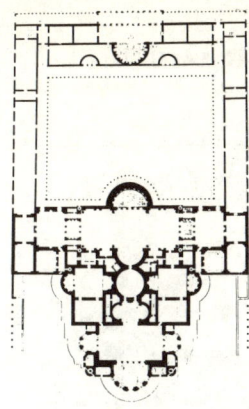

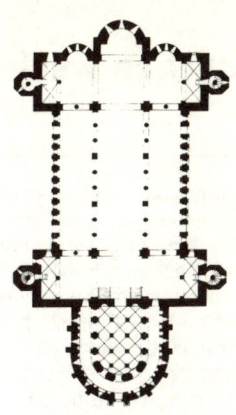

AACHEN, als Pfalzkapelle Karls des Großen, zeigt um 800 den ersten achteckigen Rundbau nördlich der Alpen.

St. Michael in HILDESHEIM, gebaut um 1022, ist ein Beispiel für eine Kirche mit einem ausgeprägten Westwerk.

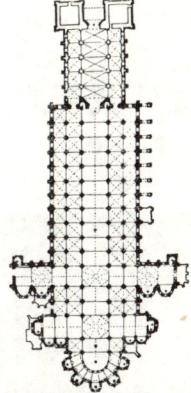

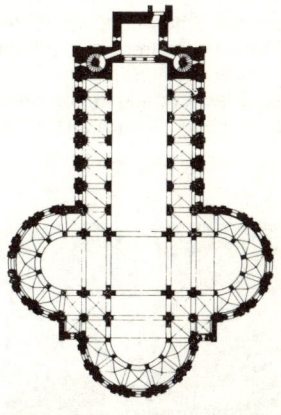

Die Kaiserthermen in TRIER, gebaut im 4. Jahrhundert, zeigen die Anordnung von Dampfbad, Abschwitzraum und Kaltwasserbecken.

CLUNY war vor allem seit dem 11. Jahrhundert Vorbild für viele andere Kirchen. Deutlich zu erkennen ist schon im Grundriss die fünfschiffige Anlage.

Kirchen wachsen in den Himmel

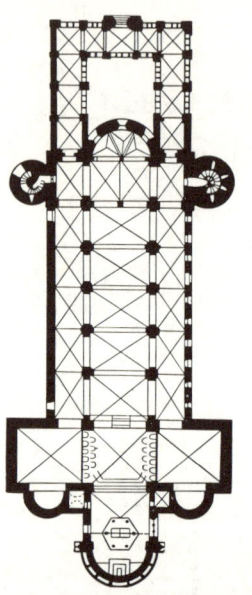

Im Jahr 1093 fasste der Pfalz-
graf Heinrich II. von Luxemburg-
Salm den Plan, am Laacher See
in der Eifel eine Benediktinerab-
tei mit einer großen Kirche zu
bauen. Als er 1095 starb, war
die Kirche bereits in allen Teilen
begonnen. Aber erst um 1170
war sie so weit fertig gestellt,
dass sie geweiht werden konnte.
Im 13. Jahrhundert wurde der
Bau dann noch einmal ergänzt,
vor allem durch die Eingangshal-
le im Westen, das so genannte
»Paradies«. Auf dem Bild siehst
du den Stifter der Kirche, der ein
Modell der Kirche in der Hand
hält. Solche »Stiftermodelle«
sind recht häufig in und an mittelalterlichen Kirchen zu finden.

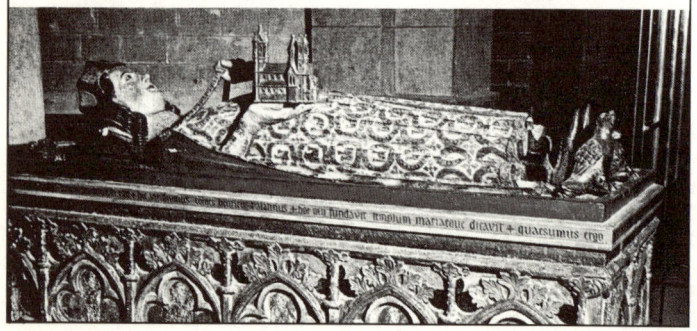

Den Grundriss der romanischen Klosterkirche von Maria Laach hatte Johannes von Magister Ludwig, der für alles Runde schwärmte. Darum liebte er auch den romanischen Baustil über alles. An der Kirche von Maria Laach könne Johannes einen Sinn für gute Formen entwickeln, hatte er gemeint. Er hatte auch noch erklärt, dass der »romanische« Baustil so genannt werde, weil er an die Römer erinnere, die die Lehrmeister der Franken in der Baukunst waren.

Ludwig wusste allerlei über romanische Kirchenbauten zu erzählen. Am Grundriss von St. Michael zu Hildesheim hatte er Johannes erklärt, warum viele romanische Kirchen außer dem Chor im Osten auch noch einen im Westen besaßen. Er diente nämlich dazu, dass der Kaiser oder Adlige, der mit seinem Gefolge dem Gottesdienst beiwohnen wollte, dabei erhöht dem Hochaltar gegenüber sitzen konnte und von der übrigen Gemeinde deutlich getrennt war. Ludwig hatte in seiner Jugend selbst miterlebt, wie sein Abt und Lehrer Wibald in Corvey das renovierungsbedürftige Westwerk nach der neuesten Mode hatte umbauen lassen.

Und dann machte sich Johannes an die Arbeit.

Als Daniel die Arbeit seines Sohnes sah, sagte er erfreut: »So ähnlich werden auch unsere romanischen Kirchen aussehen, wenn sie mal fertig sind. Mich erinnert Maria Laach ganz stark an die Klosterkirche von Cluny in Burgund, aber das ist wohl kein Wunder, denn viele Kirchen nehmen sich Cluny als Vorbild. Allerdings«, er zögerte ein wenig, »habe ich jetzt in Frankreich auch einen neuen Baustil gesehen.«

»Erzähl mal«, forderte Johannes stürmisch, »vielleicht wäre das was für den Neubau unseres Doms. Noch einen Blitzschlag und einen Brand hält der sicher nicht mehr aus.«

Daniel ließ sich nicht lange bitten. »Weißt du, die Kirchen in dem neuen Stil wachsen regelrecht in den Himmel. Man muss den Hals schon weit zurückbeugen, um das hohe Mittelschiff und die gewaltigen Türme betrachten zu können.«

»Also, höher als unsere Kirchen in Köln kann ich sie mir gar nicht vorstellen«, warf Johannes ein.

»Doch, viel höher, aber das geht nur, weil man eine neue Form von Bögen verwendet, die oben nicht mehr rund, sondern spitz sind. Mit Spitzbögen kann man das Gewicht des Daches besser über die Stützpfeiler ableiten, hat mir ein Baumeister erklärt, und darum kann man die Kirchen höher bauen.

Die Kirchen haben auch viel

mehr und größere Fenster in der Wand, und weil alles spitz nach oben zuläuft, muss man in die Höhe schauen.«

Also, mir gefällt die spitze Gotik besser!

»Das wäre dann aber doch wirklich etwas für uns«, überlegte Johannes. »Schließlich sollten wir allen zeigen, dass wir Kölner die Größten sind.«
Sein Vater lachte und meinte, man solle vielleicht doch noch etwas warten, bis man eine solche Kirche baue: »Es passieren so viele Unfälle beim Bauen und einige Städte haben auch schon viel Geld für den Bau einer Kirche in dem neuen Stil ausgegeben und dann ist der Bau wieder eingestürzt.«
Ursula, die ungeduldig zugehört hatte, meinte plötzlich: »Nein, mir gefällt der neue Stil nicht, ich finde rund schöner als spitz und außerdem gefällt mir unser Dom so, wie er ist.«

Daniel schaute sie liebevoll an, stand auf und holte eine geheimnisvolle Pergamentrolle aus einer Truhe. »Na, dann ist es ja gut, dass ich mich für den Bau unseres neuen Hauses für romanische Formen entschieden habe.« Und dann entrollte er das Pergament, auf dem ein Bild des schönsten Hauses erschien, das die Kinder je gesehen hatten.

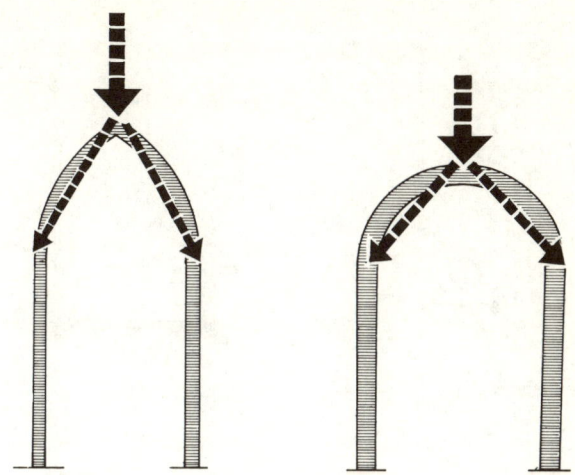

Wenn du ausprobieren willst,
wie sich die Last bei einem Spitzbogen verteilt, dann nimm ein
Blatt Papier. Bilde einen Rundbogen und einen Spitzbogen nach.
Du wirst feststellen, dass du
mehr Kraft brauchst, um den
Rundbogen zusammenzuhalten
als den Spitzbogen.

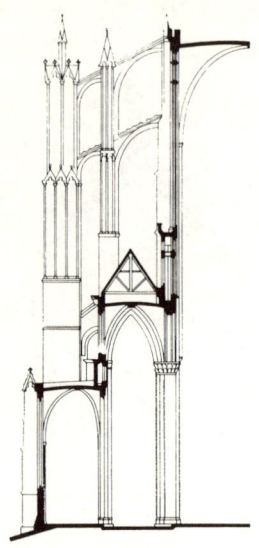 

Beauvais, begonnen 1247   Kölner Dom, fünfschiffig

Die 1247 begonnene Kirche von Beauvais, deren Mittelschiff 47 Meter hoch
war, stürzte im Verlauf ihrer Geschichte
zweimal ein, einmal am 29. 11. 1284 und
einmal am 30. 4. 1573. Sie blieb Stück-
werk. Der Kölner Dom, dessen Mittelschiff mit 45,5 Meter fast genauso hoch
ist, hielt (und hält). Kannst du Dir den
Grund denken?

Eine Hütte für die Kirche

Da der Bau großer Kirchen oft Jahrzehnte, wenn nicht Jahrhunderte dauerte, richteten sich die Bauhandwerker, die oft von außerhalb kamen, darauf ein, für lange Zeit in der Nähe der Baustelle zu leben. So entstanden die »Dombauhütten«, die zum Teil heute noch existieren. Denn an einer solchen Kirche ist immer etwas zu reparieren, und der im Mittelalter verwendete Stein ist vielfach besonders anfällig für Umweltschäden.

In den Bauhütten wurden viele Erfindungen gemacht und oft als Geheimnis gehütet. Man vermutet zum Beispiel, dass der Kompass, lange bevor er über die Araber allgemein in Europa bekannt wurde, schon in den Dombauhütten verwendet wurde. Wichtig war dies, weil alle Kirchen genau nach Osten ausgerichtet werden mussten.

Weil die Baumeister Werke schufen, die für die Menschen ihrer Zeit kaum glaublich schienen, rankten sich viele Sagen um sie, ja, man glaubte zum Teil, dass sie mit dem Teufel im Bunde seien.

WETTEN, DASS . . .

Über Gerhard, den ersten Baumeister des großen gotischen Kölner Doms, erzählt man sich die folgende Geschichte:

Als Meister Gerhard eines Tages auf dem Gerüst hoch über der Stadt stand, trat ein Fremder zu ihm, der sich ebenfalls als Baumeister ausgab. Als Gerhard höhnisch lachte und meinte, er sei bestimmt auch nur so ein Pfuscher wie andere, bot der Fremde Gerhard eine Wette an. Er wollte als Ente auf einem unterirdischen Bach am Dom vorbeischwimmen, noch bevor Gerhard den Dom vollendet habe. Gerhard nahm die Wette lachend an. Der Preis sollte seine Seele sein, denn der Fremde war der Teufel.

Obwohl der Dombau schnell voranging, machte sich Gerhard Sorgen. Er erzählte schließlich seiner Frau von der Wette, tröstete sie aber, ein unterirdischer Bach könne nur fließen, wenn alle paar Meter ein Luftloch vorhanden sei. Da das sein Geheimnis sei, werde er die Wette schon gewinnen.

Die Frau aber erzählte das Geheimnis einem Magister, der sie häufig besuchte, als dieser teilnahmsvoll nach ihrem Ehemann fragte. Kaum aber hatte sie das Geheimnis preisgegeben, als der Fremde verschwand.

Meister Gerhard stand gerade auf dem Baukran, als er unten in

der Tiefe eine Ente schnattern
hörte, die auf einem Bach
schwamm. Mit einem Aufschrei
stürzte er in die Tiefe; seine
Seele aber trug der Teufel davon.

Der Dom bleib viele Jahrhunderte
eine Baustelle. Erst am 15. Oktober 1880, über 600 Jahre, nachdem man angefangen hatte zu
bauen, konnte man die Vollen-
dung des Doms feiern.

Schöner wohnen

rsula war ebenso begeistert über die Neubaupläne wie ihre Kinder, vor allem, weil ihr das Aussuchen von Möbeln, Teppichen und Hausrat schon immer Spaß gemacht hatte. Daniel, der sparsame Kaufmann, hatte sie sogar schon des Öfteren getadelt, wenn sie wieder einmal von einem fahrenden Händler an der Tür eine schöne Sache zu teuer eingekauft hatte.

Für die Einrichtung des neuen Hauses versprach sie aber ihrem Mann einen genauen Plan zu machen. Dazu ließ sie zunächst einmal durch Walter eine Aufstellung aller Gegenstände herstellen, die sich im Hause Overstolz befanden. Da Walter nicht schreiben konnte, zeichnete er sie auf und Ursula setzte den Namen des Gegenstandes hinzu.

Leider hat K.Einhorn in gewohntem Übermut einige Gegenstände hinzugefügt, die erst in den darauf folgenden Jahrhunderten erfunden wurden. Vielleicht findest du heraus, welche das sind.

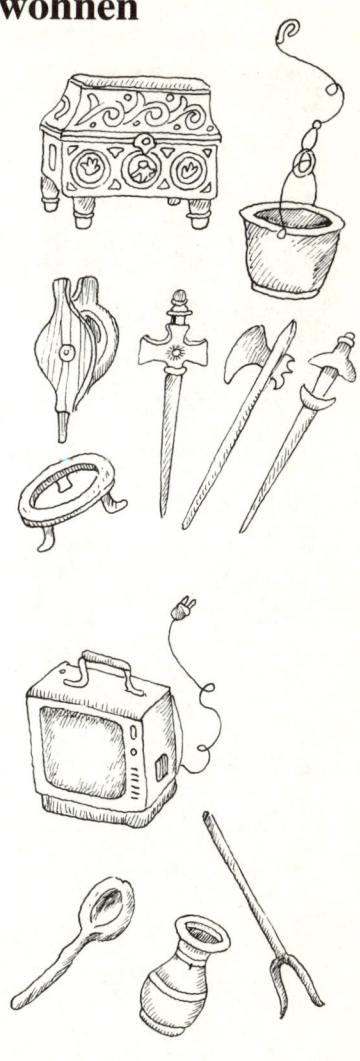

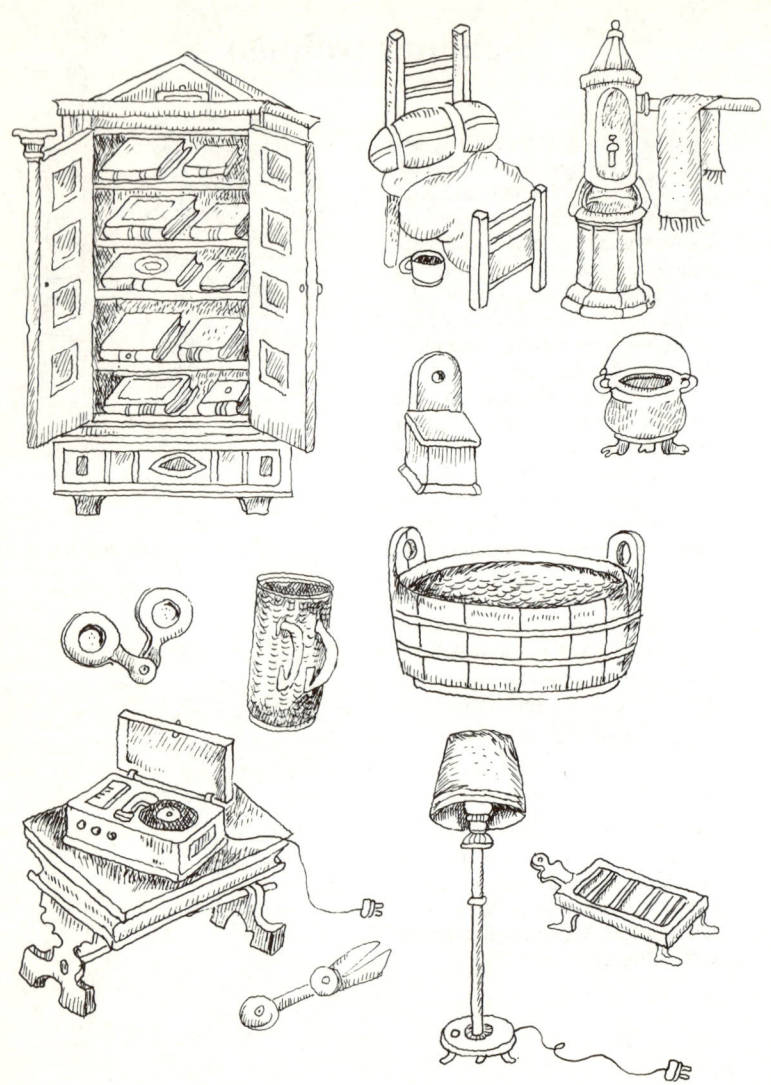

104

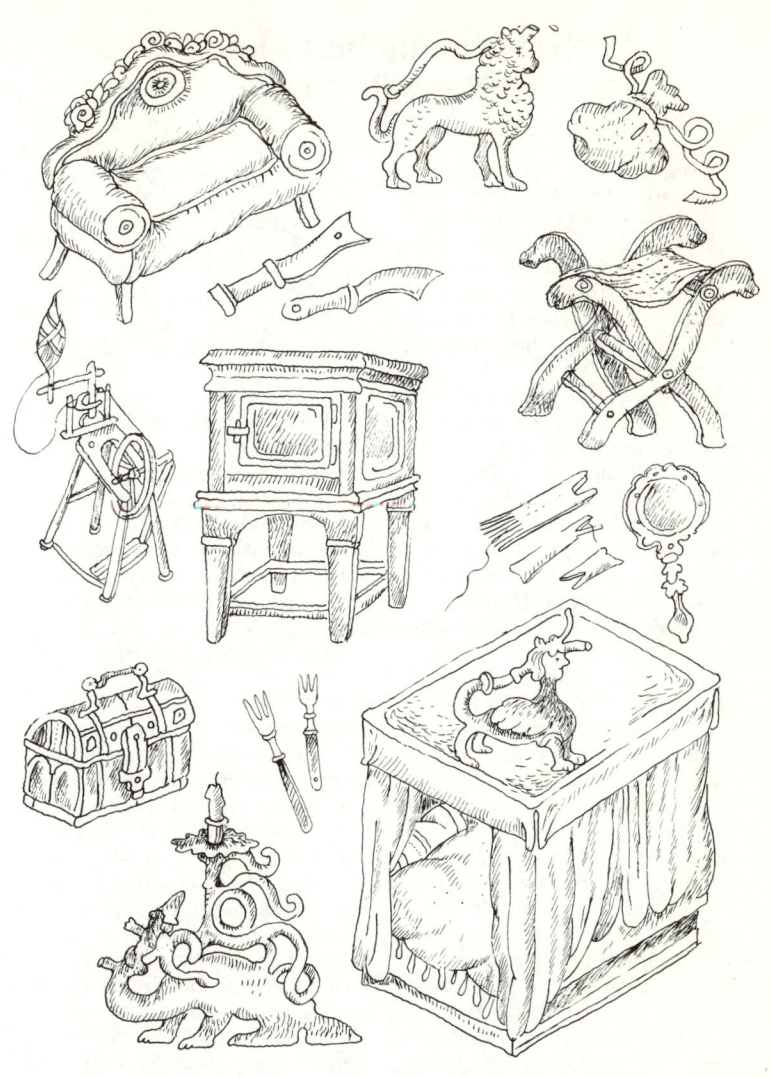

Kleider machen kleine und große Leute

Daniel Overstolz war weit und breit dafür bekannt, dass er stets aufgeschlossen für neue Handelsprodukte war. Im Hause Overstolz waren daher oft Kaufleute aus fernen Ländern zu Gast, um Daniel ihre Produkte anzubieten.

Gestern zum Beispiel war ein elegant gekleideter Herr aus Italien eingetroffen. Vati konnte kein Italienisch und der Herr kein Deutsch. So versuchten sich die beiden sich auf Lateinisch zu unterhalten, denn diese Sprache war international und viele Kaufleute hatten wenigstens Grundkenntnisse, die für eine Verständigung ausreichten.

Barbara und Johannes hörten gespannt zu, aber allzu viele Wörter kannten sie noch nicht aus ihrem Unterricht. Dass vestimenta »Kleidung« hieß, wussten sie und sie hörten auch, dass von *pueri* und *puellae* die Rede war, also von »Jungen« und »Mädchen«, aber ein Wort, das in der Unterhaltung eine große Rolle spielte und wie *pupa* klang, war ihnen unbekannt. Überrascht waren sie dann aber, als der Vater gegen Ende der Unterhaltung die Namen Barbara und Johannes mehrfach erwähnte. Was hatten

sie denn mit den Geschäften des Vaters zu tun?

Als der Fremde gegangen war, bestürmten sie ihren Vater zu sagen, was los war, aber der tat sehr geheimnisvoll und vertröstete sie auf den nächsten Morgen. Und tatsächlich, am nächsten Morgen kam Signore Collodi mit einem großen Korb wieder, den er vor Daniel und seinen Kindern öffnete.

Barbara und Johannes waren überwältigt von dem Anblick, denn da lagen eine männliche und eine weibliche Puppe und viele kostbare Kleider. Nun erklärte Daniel ihnen, dass Signore Collodi in Verona auf die Idee gekommen war, die Puppen und Kleider, die er dort für Kinder aus reichen und vornehmen Häusern herstellte, auch in Deutschland zu verkaufen. Daniel wollte aber nicht in das Geschäft einsteigen, ohne zuvor die Meinung von Experten eingeholt zu haben. Die größten Experten in diesen Fragen im Hause Overstolz waren aber doch Barbara und Johannes.

Die nächsten Stunden waren die Kinder damit beschäftigt, alle Kleider aus dem Korb auszuprobieren und sich zu überlegen, wen die Puppe jeweils darstellte.

Sie waren begeistert und empfahlen ihrem Vater das Geschäft mit Signore Collodi abzuschließen. Leider ist nicht bekannt, ob er das tatsächlich tat oder ob er ihn nur an einen Geschäftsfreund in Nürnberg verwies, wo ein sehr guter Markt für Spielzeug bestand.

Ihr aber könnt euch einen, wenn auch flachen, Eindruck von dem Erlebnis der Kinder verschaffen, wenn ihr die Puppen auf der nächsten Seite anzieht. Wenn euch das Buch zum Ausschneiden zu schade ist, könnt ihr die Puppen und ihre Kleider ja abzeichnen. Ihr solltet sie auch ausmalen, denn von vielen Abbildungen wissen wir, dass man im Mittelalter Kleider in leuchtenden Farben, besonders in Blau, Rot, Grün, Rosa und Gold, liebte.

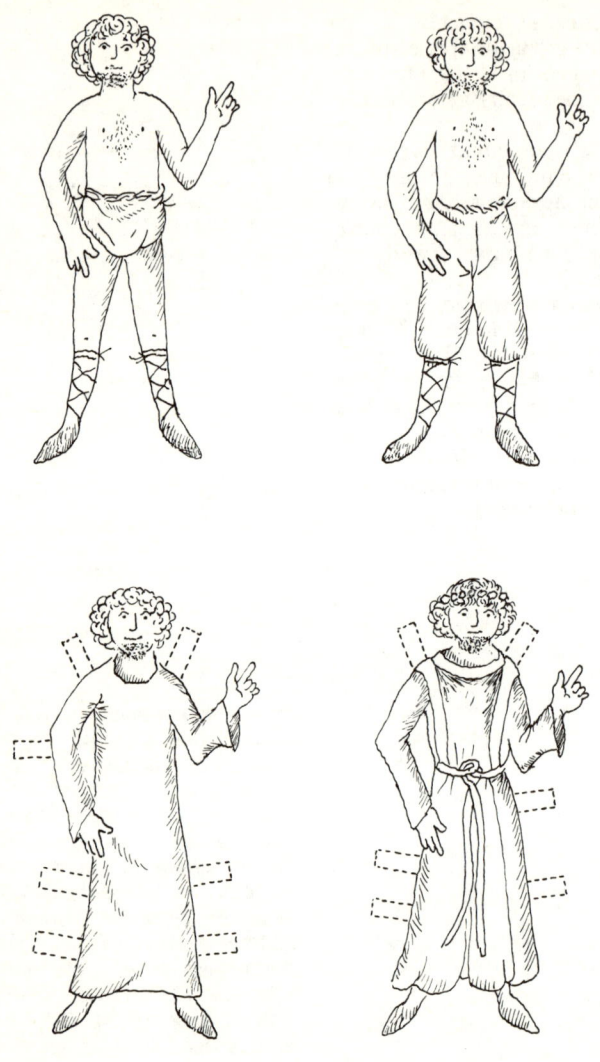

108

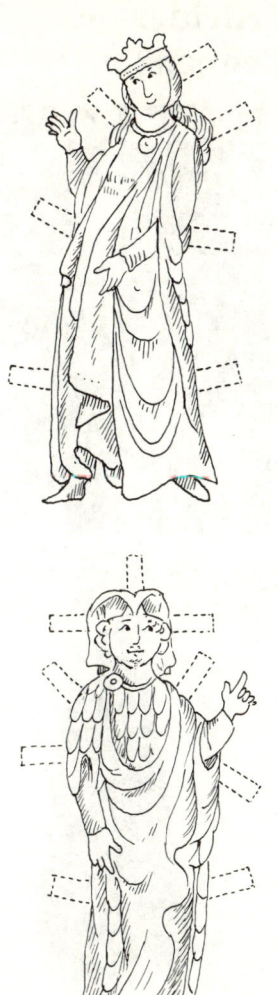

Die Vorlagen zu diesen Ankleide-
puppen sind alle der Manesseschen
Liederhandschrift entnommen. Diese entstand in der ersten Hälfte des
14. Jh. Sie enthält eine Sammlung
von Minne(Liebes)liedern aus dem
12. Jh., die der Züricher Patrizier
Rüdiger Manesse zusammengetra-
gen hat. Heute ist die Handschrift in
der Universitätsbibliothek Heidel-
berg zu sehen.

Woher wir die Kleider des Mittelalters kennen . . .

z. B. von Bildern aus Handschriften

oder: von Ausstellungsstücken im Museum

oder von Reliquien in der Kirche

Mantel des hl. Bernard Mitte des 12. Jh. (Domschatz Aachen)

oder von Figuren aus Stein oder Holz

Bußgewand der hl. Elisabeth aus der Pfarrkirche St. Martin Oberwalluf 13. Jh.

oder aus Beschreibungen des Mittelalters:

Von Karl dem Großen heißt es: »Er kleidete sich auf landesübliche, nämlich fränkische Weise. Auf dem Leib trug er ein leinenes Hemd und leinene Unterhosen, darüber ein Wams, das mit seidenen Streifen verziert war, und Hosen. Die Beine schnürte er mit Binden. Mit einem aus Fischotter- und Zobelpelz gefertigten Rock schützte er im Winter Schultern und Brust. Schließlich trug er einen blauen Mantel und immer das Schwert an der Seite. Bei festlichen Gelegenheiten schritt er in einem Kleid einher, das mit Gold durchwirkt war, und in Schuhen, die mit Edelsteinen besetzt waren. Den Mantel schloss er dann mit einer goldenen Spange und auf dem Kopf trug er eine aus Gold und Edelsteinen gefertigte Krone.«

Nackte Tatsachen

Als äußerst peinlich für den Betroffenen und als ebenso erheiternd für die Umstehenden galt es im Mittelalter, wenn man unfreiwillig gewisse Körperteile nackt zeigte. So schrieb Egbert, ein Lehrer an der Lütticher Domschule, einen Schwank mit dem Titel: »Über den Mönch Walter, der seine Hosen verteidigt«.

Der Mönch erhält darin von seinem Abt die Anweisung, keinen Widerstand zu leisten, wenn er von Räubern überfallen wird, außer wenn diese ihm die Hosen wegnehmen wollen. In einem anderen Text aus dem 12. Jahrhun-

dert werden die Vorzüge der Unterhose gelobt, denn wie peinlich wäre es doch, wenn »plötzlich ein Südwind meinen Hintern entblößte«.

Berühmte . . .

Eine Sage aus England erzählt, dass die schöne Lady Godiva im 11. Jahrhundert ihren Gatten, den Grafen von Coventry, bat, den Bürgern der Stadt eine harte Steuer zu erlassen. Der grausame Graf willigte nur unter der Bedingung ein, dass sie am helllichten Tage nackt durch die Stadt reite. Lady Godiva erfüllte diese Bedingung, hatte aber zuvor angeordnet, dass niemand zur Mittagszeit auf die Straße sehen solle. Nur einer hielt sich nicht an die Anordnung und beobachtete heimlich, wie sie, nur in ihr goldenes Haar gehüllt, auf einem Schimmel durch die Stadt ritt. Tom, so hieß der Mann, wurde zur Strafe in Stein verwandelt. Noch heute nennt man jemanden, der einen anderen heimlich beobachtet, »Peeping Tom«. Lady Godivas hochherzige Tat aber wurde von den Bewohnern Coventrys nie vergessen. Lady Godiva wurde zur bekanntesten Nackten des Mittelalters.

. . . und kluge Nackte

Aus dem Mittelalter stammt sicher auch ein Märchen, das wir in der Sammlung der Brüder Grimm finden, in dem der König die »kluge Bauerntochter« auffordert: »Komm zu mir, nicht gekleidet, nicht nackend, nicht geritten, nicht gefahren, nicht in dem Weg, nicht außer dem Weg, und wenn du das kannst, will ich dich heiraten.« Da ging sie hin und zog sich aus splitternackend, da war sie nicht gekleidet, und nahm ein großes Fischgarn und setzte sich hinein und wickelte es ganz um sich herum, da war sie nicht nackend: und borgte einen Esel und band ihm das Fischgarn an den Schwanz, darin er sie fortschleppen musste, und war das nicht geritten und nicht gefahren: Der Esel musste sie aber in dem Fahrgleise schleppen, sodass sie nur mit der großen Zehe auf die Erde kam, und war das nicht in dem Weg und nicht außer dem Wege. Und das Rätsel war gelöst.

115

Von »freien Künsten«
und anderen Fächern

ls Ludwig nach Weihnachten den Unterricht wieder aufnahm, erklärte er den Kindern, dass sie jetzt einen festen Stundenplan haben würden. Natürlich würden sie weiter Latein schreiben und biblische Geschichte lernen, aber es sei an der Zeit, dass sie sich mit den »sieben freien Künsten« beschäftigen.

Als Ludwig die ratlosen Gesichter von Barbara und Johannes sah, merkte er, dass sich die beiden unter den »freien Künsten« nichts vorstellen konnten. So erklärte er ihnen, dass man darunter die vier Naturwissenschaften Arithmetik, Geometrie, Astronomie und Musik und die Fächer Grammatik, Rhetorik und Dialektik verstehe.

Man kann nicht behaupten, dass diese Erklärung den fragenden Blick der Kinder beseitigt hätte. Ganz im Gegenteil, man merkte deutlich, wie die vielen Fremdwörter sie verwirrten. Eine richtige Vorstellung hatten sie nur von der Musik, aber wieso diese eine Naturwissenschaft sein sollte, verstanden sie auch nicht.

So blieb Ludwig nichts anderes übrig, als seinen Zöglingen zu erklären, welche »Künste« sie denn in seinem Unterricht erlernen sollten.

Das Einmaleins
der Arithmetik

»Arithmetik«, erklärte Ludwig, »ist nichts anderes als Rechnen. Ihr kennt doch die Zahlzeichen I, V, X, L, C, D und M?«

Die arabischen Zahlzeichen, die später eingeführt wurden, sind natürlich viel einfacher als die römischen:

$$
\begin{aligned}
I &= 1 \\
V &= 5 \\
X &= 10 \\
L &= 50 \\
C &= 100 \\
D &= 500 \\
M &= 1000
\end{aligned}
$$

Als Barbara und Johannes nicht widersprachen, holte Ludwig aus seinem Pult ein seltsames Brett mit vier Linien und einer Hand voll Rechenmarken, die alle mit einem Einhorn verziert waren.

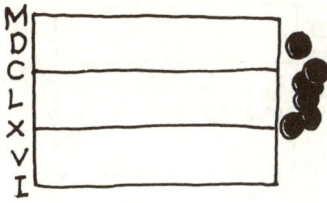

»Das«, sagte Ludwig, »ist ein Abakus.« Dabei zeigte er auf das Brett. »Damit kann man sehr schnell rechnen. Schaut mal, hier ist für I, X, C und M je eine Linie. Den Zwischenraum zwischen den Linien benutzen wir für V, L und D.

Wenn ihr mit dem Abakus rechnen wollt, dürft ihr die römischen Zahlzeichen nicht abkürzen, sondern müsst sie immer ausschreiben. Die Zahl IX müsst ihr also VIIII schreiben. Das Addieren von zwei Zahlen ist dann ganz einfach.« Ludwig schrieb den Kindern die Aufgabe

MDCCCLXXXVII
+ DCCXXIII

auf eine Wachstafel. Nun nahm er Rechenmarken und legte für jede Ziffer der beiden Zahlen einen Pfennig auf die betreffende Linie oder in den Zwischenraum. Das sah dann so aus:

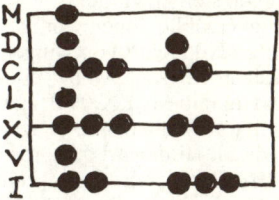

Nun begann er von unten her die Rechenmarken zusammenzulegen. Die fünf Marken auf der I-Linie ersetzte er durch eine V-Marke, die beiden V-Marken dann durch eine X-Marke, fünf der X-Marken durch eine L-Marke, die beiden L-Marken durch eine C-Marke, fünf der C-Marken durch eine D-Marke und zwei der D-Marken durch eine M-Marke. Das Rechenbrett sah jetzt so aus:

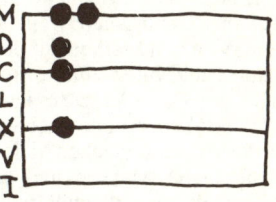

Das Ergebnis der Rechnung war also MMDCX

1887 + 723 = 2610

Barbara hatte voll Erstaunen zugesehen, während Johannes sofort angefangen hatte selbst ein Rechenbrett auf seine Wachstafel zu zeichnen. Gespannt wartete er auf die nächste Aufgabe, die Ludwig ihnen stellen würde.

Ludwig erzählte ihnen von der gelehrten Hildegard von Bingen, die im Jahre MLXXXXVIII geboren und im Jahr MCLXXVIIII gestorben war. Nun wollte er wissen, wie alt Hildegard geworden war. Johannes sah darin kein Problem. Er legte zunächst das Sterbejahr auf den Abakus.

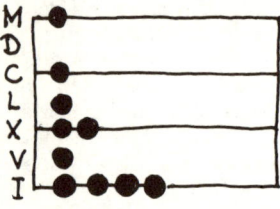

Jetzt versuchte er die Rechenmarken für das Geburtsjahr wegzunehmen. Von den Marken auf der untersten Linie blieb eine übrig. Auch bei der V-Marke gab es keine Schwierigkeit. Aber was sollte er auf der X-Linie machen? Hier lagen nur zwei Marken und er musste doch vier wegnehmen. Ludwig wusste Rat. Er nahm die L-Marke weg und legte dafür fünf Marken auf die X-Linie. Jetzt konnte Johannes leicht vier X-Marken wegnehmen. Er ersetzte auch, ohne dass Ludwig noch einmal helfen musste, die C-Marke

durch zwei L-Marken, um einmal L abziehen zu können. Schließlich nahm er noch die M-Marke weg. Jetzt sah er auf seinem Rechenbrett, wie alt Hildegard von Bingen geworden war.

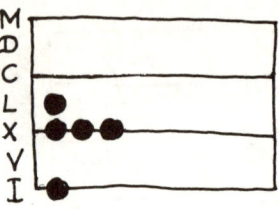

Weißt du es auch?

Mit einem Abakus kann man bei einiger Übung auch malnehmen und teilen, aber das lernten Barbara und Johannes erst später. Du kannst dir aber leicht einen Abakus und Rechenmarken herstellen und selbst einmal ausprobieren, wie man damit rechnet.

Noch 1983 gewann in einer Fernsehsendung eine Abakusrechnerin gegen einen elektronischen Taschenrechner.

Vieles steht in den Sternen

ach einiger Übung machte den Kindern das Rechnen auf dem Abakus viel Spaß, zudem sie einsahen, dass ein angehender Kaufmann und – so stand es wenigstens zu vermuten – eine angehende Kaufmannsfrau diese Kunst beherrschen sollten.

Geometrie gefiel ihnen dagegen weniger, denn wann im Leben musste man schon einmal über Dreieck, Quadrat, Rechteck oder Kreis Bescheid wissen, wenn man nicht gerade ein Baumeister werden wollte? Und die Namen Pythagoras und Euklid und diese fürchterlichen Lehrsätze!

Auch die Astronomie war mit viel Auswendiglernen verbunden: Es gab ja so viele Sterne und bei jedem sollten sie wissen, was er für das menschliche Leben bedeutete.

Später, als Johannes auch einmal wie sein Vater auf Handelsreisen nach Frankreich ging, besuchte auch er die Kirche von Vézelay, und weil er im Unterricht gut aufgepasst hatte, fand er am Hauptportal sofort die Sternzeichen, unter denen er selbst, seine Schwester Barbara, Magister Ludwig und Walter geboren waren.

Könnt ihr herausfinden, in welcher Reihenfolge die vier Geburtstag hatten?

Im Mittelalter unterschied man nicht zwischen der Sternkunde *(Astronomie)* und der Sterndeutung *(Astrologie)*.

Johannes' Sternzeichen

Walters Sternzeichen

Ludwigs Sternzeichen

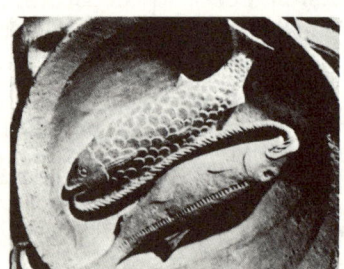

Barbaras Sternzeichen

Die liebe Not mit Noten

Am meisten freuten sich die Kinder immer, wenn »Musik« auf dem Stundenplan stand. Zuerst hatten sie sich, wie gesagt, gewundert, dass die Musik eine Naturwissenschaft sein sollte, aber Ludwig hatte ihnen gleich in der ersten Musikstunde ein Monochord mitgebracht. Das war ein länglicher Holzkasten, über den eine Saite gespannt war. Diese konnte man durch einen verschiebbaren Steg verkürzen und dabei veränderte sich der Ton, wenn man die Saite anzupfte. Es dauerte nicht lange und die Musikstunde war zur Arithmetik- und Geometriestunde geworden, denn natürlich ließ Ludwig seine Zöglinge ausprobieren und messen, wie viel man die Saite verkürzen musste, um einen anderen Ton zu erhalten.

In den Musikstunden wurde auch gesungen. Ludwig kannte viele Kirchengesänge und Barbara und Johannes mussten immer wieder den Text und die Melodie wiederholen.

Erst nachdem er ganz sicher war, dass die beiden alles auswendig gelernt hatten, verriet er ihnen, dass man die Töne auch aufschreiben konnte, denn um das Jahr 1000 hatte der Mönch Guido von Arezzo eine Notenschrift entwickelt, mit der man Melodien aufzeichnen konnte.

In der nächsten Stunde brachte Ludwig eine kostbare Handschrift aus dem Kloster mit, in der solche »Neumen«, so nannte er die Noten, zu sehen waren. Er zeigte ihnen den Gesang für Ostern: »Angelus Domini descendit de celo«.

So schreiben wir die Noten in unserem heutigen System (übertragen von W. Hildemann).

Johannes konnte inzwischen so viel Latein, dass er mühelos übersetzte: »Der Engel des Herrn stieg herab vom Himmel.« Dann betrachtete er zusammen mit Barbara staunend das kostbare bunte Bild von der Auferstehung des Herrn. Ludwig erklärte ihnen, dass das Buch so groß war, damit auch die weiter entfernt stehenden Sänger die Noten erkennen konnten.

Dabei fiel ihm eine lustige Geschichte aus Corvey ein. Dort hatte sich nämlich einmal ein Abt gewundert, dass seine Musikanten oben auf der Empore alle Melodien fehlerfrei auswendig spielten. Was er nicht wusste, war, dass die Musiker alle Melodien in Form von Buchstaben in den gerade erneuerten Putz der Kirchenwand geritzt hatten. Und obwohl diese Geschichte nun schon über 100 Jahre her war, konnte man die stark verwitterten Noten auch heute noch an der Wand des »Engelschores« – so nannte man in Corvey den entsprechenden Teil der Kirche – erkennen.

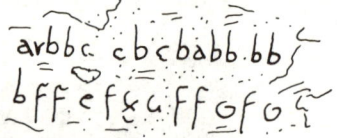

Bei dem Wort »Engelschor« wurde Ludwig wieder an das »Angelus Domini« erinnert und in der nächsten Stunde bemühte er sich verzweifelt den Kindern die Notenschrift beizubringen. Schließlich brachten sie die Melodie mehr schlecht als recht zu Stande und Ludwig gab auf. Er hatte inzwischen auf der Straße Konkurrenz bekommen, die die Aufmerksamkeit der Kinder fesselte. Dort spielten nämlich fahrende Musikanten auf.

Ludwig sah die unausgesprochene, aber sehr flehentliche Bitte in

Barbaras blauen Augen und klappte aufseufzend sein Buch zu. »Na geht schon!«, meinte er. »Gegen die Art von Musik kommt auch der Engel des Herrn nicht an.«

Was die Spielleute an diesem Tag spielten, weiß ich natürlich nicht, aber hier ist etwas, was sie gespielt haben könnten:

Und solche Instrumente könnten die Spielleute benutzt haben.

Wenn du ein Instrument spielst, solltest du einmal probieren, wie dieses Tanzlied klang.

Noten nach: Musikkunde in Beispielen, hrsg. von d. Deutschen Grammophon Gesellschaft. Beiblatt zur Platte SLPM 136306.

Mäuse fressen keinen Käse

uch in den drei anderen Fächern, Grammatik, Rhetorik und Dialektik, die den Hauptteil des Unterrichts ausmachten, lernten die Kinder viel, aber es machte nicht so viel Spaß wie das Rechnen mit dem Abakus und das Singen.

Der Grammatikunterricht – so stellte sich heraus – war nichts anderes als ein neuer Name für den bisherigen Lateinunterricht. Es gab unendlich viele Vokabeln und Regeln zu lernen und einen lateinischen Text nach dem anderen zu behandeln. Interessant wurde es nur, wenn Ludwig sich von einem solchen Text verleiten ließ Geschichten zu erzählen, die er gelesen oder auf einer seiner vielen Reisen erlebt hatte. So wurde der Grammatikunterricht oft zum Geschichts- und Erdkundeunterricht.

Im Rhetorikunterricht lernten die Kinder, wie man eine Rede hält, um jemand anderen zu überzeugen. Johannes machte dabei rasche Fortschritte und zur Freude seiner Schwester gelang es ihm sogar einmal in einer gut entworfenen und vorgetragenen Rede, Ludwig davon zu überzeugen, dass man unbedingt am Nachmittag freihaben müsse, da der Hund von Vetter Wolfram an diesem Tag Geburtstag hatte.

Am schwierigsten war das Fach Dialektik, in dem man logisches Denken lernte. Logisch denken könne doch jeder, hatten die Kinder in der ersten Stunde dieses Faches gemeint. Dann aber entwickelte sich das folgende Gespräch, natürlich in lateinischer Sprache. Johannes hat es später für seine Freunde ins Deutsche übersetzt, aber da klingt es zum Teil ein wenig holprig und nicht so überzeugend wie im Lateinischen:

Ludwig: Du stimmst mir doch zu, Johannes, dass man etwas, das man nicht verloren hat, noch hat.
Johannes: Das ist richtig.
Ludwig: Nun, Hörner hast du nicht verloren, also hast du Hörner.
Johannes blickte zuerst sehr verblüfft, doch dann musste er genauso wie seine Schwester lachen. Auch Barbara blieb nicht ungeschoren:
Ludwig: Barbara, du gibst zu, dass die »Maus« ein Wort ist.
Barbara: Natürlich.
Ludwig: Nun gut. Die Maus frisst Käse, also frisst auch ein Wort Käse.
Barbara: Aber das ist doch Unsinn.
Ludwig: Meinst du? Dann wollen wir die Sache einmal andersherum betrachten. Ein Wort frisst

keinen Käse. Die Maus ist ein Wort. Also frisst die Maus keinen Käse.

Barbara und Johannes konnten keinen Fehler in der Logik entdecken. Ludwig erzählte ihnen, dass sein Lehrer Wibald mit dieser Beweisführung früher einmal König Konrad zum Lachen gebracht hatte, und das beeindruckte die Kinder noch mehr.

Abends liefen sie in die Küche, um Maria zu überzeugen, dass sie von nun an den Käse nicht mehr vor den Mäusen zu sichern brauchte. Maria aber weigerte sich beharrlich anzuerkennen, dass die Dialektik dem gesunden Menschenverstand überlegen war, und vertraute auch weiterhin in dieser Angelegenheit lieber der Katze als Magister Ludwig.

Ein Brief von der Burg

ichard seinem lieben Vetter Johannes.
Seit gestern ist mein Vater zu Besuch hier
auf Burg Drachenfels. Du solltest ihn heute mal hören. Er ist unglaublich heiser.
Wahrscheinlich hat er gestern mit dem
Burggrafen zu viel von dem Wein gezecht, der hier ange-
baut wird. Er selbst hat natürlich eine andere Erklärung.
Erstens sei es auf dem Schiff, mit dem er rheinaufwärts
aus Köln gekommen sei, sehr kalt gewesen, dann sei er
über eine Stunde den Berg hinaufgeklettert und habe dabei geschwitzt und dann habe er sich die Seele aus dem
Leib geschrien, bis der Knecht endlich die Zugbrücke he-
runterließ und das Tor öffnete. Na ja, das kann stimmen,
denn der Knecht am Burgtor nimmt seine Aufgabe oft
nicht so ernst, besonders weil jetzt im Winter selten jemand kommt.
Vater hat mir gesagt, dass du gerne wissen willst, wie
man ein Ritter wird. Außerdem meinte er, es wäre ganz
gut, wenn ich mal wieder schriebe. Ich glaube, das hat er
nur gesagt, weil ich heute Morgen über seine Heiserkeit
gelacht habe, denn er könnte dir ja auch alles erzählen.
Aber mit dem Schreiben hat er Recht, denn hier kommt
man ganz aus der Übung. Sogar mein Ritter, Gottfried
von Drachenfels, und sein Sohn Heinrich können nur ihre
Unterschrift unter Schriftstücke setzen, die der Burg-
kaplan für sie aufgesetzt hat.
Heinrich ist mein bester Freund, denn er ist genauso alt
wie ich. Leider ist er nicht immer hier, weil er Knappe
bei seinem Onkel auf der Wolkenburg ist. Es ist nämlich
nicht üblich, dass ein Vater seinen eigenen Sohn zum Ritter ausbildet. Aber die Wolkenburg ist nicht weit weg

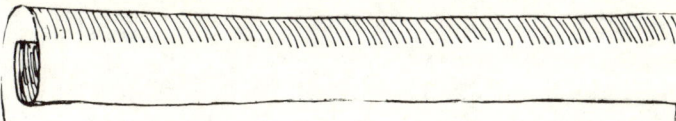

und Heinrichs Onkel ist oft hier, sodass wir uns doch hin
und wieder sehen.
Ich selbst bin jetzt seit vier Jahren als Knappe hier auf
dem Drachenfels und in zwei Jahren, wenn ich 20 bin,
werde ich hoffentlich zum Ritter geschlagen.
Wenn du mich fragst, ob ich gern Knappe bin, weiß ich
nicht, was ich sagen soll. Das Reiten macht mir viel
Spaß. Jeden Tag trainiere ich, wie man schnell auf- und
absitzt und wie man das Pferd zum Traben und Galoppie-
ren bringt. Es ist ganz schön gefährlich, wenn man sich
in vollem Galopp vom Pferd herabbeugt, um etwas vom
Boden aufzuheben. Gottfried sagt aber, dass ein Ritter im
Kampf so etwas können muss.
Darum reiten wir im Sommer auch oft zum Rhein hinunter und üben Schwimmen und Tauchen, denn auf Feldzügen müssen wir Ritter oft Flüsse überqueren. An anderen
Tagen stehen das Klettern mit Leitern, Stangen und Sei-
len, das Bogen- und Armbrustschießen, Ringen, Springen
und der Kampf mit Lanze und Schwert auf dem Stunden-
plan. Ich sehe zwar nicht ein, warum ich als Rechtshän-
der auch mit der Linken fechten soll, aber Gottfried hat
nur trocken gesagt, dass schon mancher Ritter im Kampf
die rechte Hand verloren hat und froh war, wenn er sich
dann mit der Linken noch verteidigen konnte.
Wenn Heinrich da ist, legen wir uns manchmal zum
Spaß Rüstungen an und stellen uns vor, wie es sein wird,
wenn unsere Ausbildung abgeschlossen ist. Wir müssen
dabei neulich so komisch ausgesehen haben, dass der
Burgbaumeister uns als Vorbild für Steinfiguren genommen hat.
So weit ist das Knappenleben ja eigentlich ganz schön,
aber es gibt auch weniger angenehme Seiten. Als Knappe
bin ich nämlich für die Rüstungen verantwortlich. Und
ich kann dir sagen, im Sommer sind die schweren Ketten-

panzer manchmal so heiß, dass man sich Blasen holt,
wenn man sie anfasst. Wenn mein Ritter trainiert, muss
ich immer wieder Wasser aus dem Brunnen holen und
ihn begießen. Und hinterher muss ich die Rüstungen put-
zen.

Manchmal glaube ich, dass man besser von »Rostungen«
als von »Rüstungen« spräche. Glücklicherweise haben
wir auf der Burg einen guten Schmied. Er stellt nicht nur
Hufeisen für die vielen Pferde her, sondern repariert auch
Rüstungen.

Hart am Knappenleben sind auch die Lektionen im guten
Benehmen. »Das kannst du dir am Königshof nicht erlau-
ben, das ist nicht höf-lich«, sagt die Herrin immer, wenn
ich nur einmal ein bisschen beim Essen schmatze. Außerdem muss ich die Herrschaften bei Tisch bedienen, ehe
ich selbst etwas essen darf. Und wehe, du versuchst einen
abgenagten Knochen zurück in die Schüssel zu legen
oder mit vollem Mund zu trinken. Auch wenn man beim
Schneiden den Finger auf die Messerschneide legt oder
ganz harmlos mit dem Messer etwas aus den Zähnen
holt oder wenn man Speisen mit den Fingern auf den
Löffel schiebt, immer heißt es sofort: »Richard, das tut
ein Ritter nicht, du solltest dich schämen.« Gestern bin
ich sogar vom Tisch gewiesen worden, nur weil ich ein
Stück Brot, von dem ich schon einmal abgebissen hatte,
wieder in die Soßenschüssel getaucht habe. Bei so vielen
Vorschriften vergeht einem die ganze Lust am Essen. In
der Gesindestube, wo man nicht immer wieder auf die guten Manieren hingewiesen wird, geht es viel lustiger zu.
Übrigens habe ich letzte Woche auch Ritter Gottfried einmal bei den Knechten essen sehen. Wenn seine Frau
nicht dabei ist, schmatzt er auch.

Eigentlich ist er ja auch selbst nichts anderes als ein vor-
nehmer Knecht, denn er verwaltet die Burg für das Cassi-

usstift in Bonn. Aber er bemüht sich schon lange darum, die Burg als Lehen zu erhalten. Er hat auch schon ein eigenes Wappen. Ist der Drache auf dem Schild nicht schön? Ich glaube, er träumt davon, dass er selbst oder sein Sohn Heinrich sich bald »Graf von Drachenfels« nennen dürfen.

Ich weiß aber nicht, ob ich mein ganzes Leben hier auf der Burg verbringen möchte. Jetzt im Winter ist es doch ziemlich kalt. Zwar kann man den großen Rittersaal im Hauptgebäude, dem Palas, beheizen und auch in der Kemenate – das ist der Teil der Burg, wo die Frauen wohnen – lässt sich Feuer machen, aber in dem Raum, wo ich schlafe, kann man im Winter nur warm gekleidet und unter dicken Decken überleben.

Ich friere jetzt auch immer, wenn ich oben auf dem Bergfried Wache halten muss. Der Bergfried ist der hohe Turm in der Mitte der Burg, auf den wir uns alle zurückziehen können, wenn die Burg wirklich einmal erobert werden sollte. Zuerst fand ich es richtig abenteuerlich, dass der Eingang zum Bergfried fast zwei Stockwerke über dem Boden liegt und man mit der Leiter hinaufklettern muss. Die kann man dann hinter sich hinaufziehen und schon gucken die Angreifer in die Röhre.

Es soll schon Fälle gegeben haben, in denen die Angreifer dann versucht haben den Turm zum Einsturz zu bringen, indem sie unten Steine herausgebrochen haben. Aber bei uns auf Burg Drachenfels können sie das lange versuchen. Unser Bergfried ist nämlich in den Felsen hineingebaut. Das ist hier ohnehin recht praktisch, denn die Steine für die Burg stammen aus den eigenen Steinbrüchen. Mein Vater ist unter anderem deswegen hier, weil er versuchen will Drachenfelsstein für Köln zu bestellen, wo er für den Kirchenbau gebraucht wird. Er hat Gottfried einen guten Preis geboten, weil der Steinbruch so

günstig liegt. Man braucht die Steine nur den Berg hinab-
rutschen zu lassen und am Rhein auf Schiffe zu laden.
Dann kann man sie mühelos stromabwärts zu euch transportieren.
Aber eigentlich wollte ich dir ja vom Wachdienst auf
dem Bergfried erzählen. Wir müssen da oben aufpassen,
dass kein Feind in das Gebiet des Kölner Erzbischofs eindringt. Die Leute des Grafen von Saym auf der Löwen-
burg, nicht weit von hier, sind manchmal ziemlich dreist,
aber zusammen mit der Besatzung auf der Wolkenburg
sind wir doch stärker.
Wir können auch sehen, wenn irgendeine Schar Bewaff-
neter durch das Rheintal in Kölner Gebiet eindringt.
Dann verständigen wir uns durch Rauchzeichen mit der
Besatzung von Burg Rolandseck auf der anderen Rhein-
seite und dann geht es im rasenden Galopp den Berg hinunter, um die Eindringlinge abzufangen.
Im Sommer ist es oben auf dem Bergfried oft sehr schön.
Man ist dort so hoch, dass man bei klarem Wetter bis
nach Köln sehen kann, aber jetzt im Winter ist der Wind
dort oben eisig.
Wenn meine Wache vorbei ist, gehe ich darum meist in
die Schmiede, die Küche, in die Backstube oder in den
Pferdestall, also irgendwohin, wo ich mich aufwärmen
kann. In der Backstube und in der Küche erzählen die
Knechte oft herrlich gruselige Geschichten von einem
Drachen, der im Berg rumort, und von Zwergen, die einen Schatz hüten. Im Untergeschoss des Bergfrieds, wo
wir ein fensterloses Verlies für Gefangene haben, soll es
auch ein Gespenst geben. Glücklicherweise musste ich
noch nicht dort hinunter, weil wir keine Gefangenen haben, obwohl Gottfried meint, ein bisschen Lösegeld täte
der Haushaltskasse ganz gut.
Was soll ich dir sonst noch von unserem Leben erzählen?

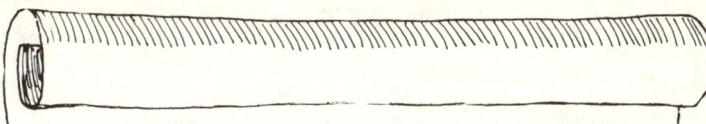

Ich gehe gern mit Ritter Gottfried auf die Jagd, schon
weil das etwas Abwechslung in die Speisekarte bringt.
Außerdem spiele ich mit Heinrich Schach, wenn er da ist.
In letzter Zeit habe ich auch versucht einige Gedichte für
Heinrichs Schwester Mathilde zu schreiben, die ich sehr
verehre (sag das aber bitte keinem von meinen Brüdern).
Aber richtige Minnegedichte wollen es einfach nicht werden. Das beste war bisher noch:
Ich wollte, dass ich immer bei dir bliebe,
weil ich dich, Mathilde, herzlich liebe.
Na ja, vielleicht fällt mir noch etwas Besseres ein. Ich
lege die Gedichte immer in den Beichtstuhl in der Burgkapelle. Ich glaube, dass Mathilde sie dort findet, denn
neulich hat sie ganz unauffällig einen Handschuh fallen
lassen, als ich in der Nähe war, und hat genau aufgepasst,
ob ich ihn auch aufheben würde.
Ich trage diesen Handschuh jetzt immer bei mir und be-
trachte mich als verlobt.
Ansonsten gibt es, wie gesagt, wenig Abwechslung, aber
für den Sommer ist mein Ritter zu einem großen Turnier
in Mainz eingeladen und ich darf als sein Knappe mit.
Das wird sicher spannend, obwohl ich nicht glaube, dass
Gottfried gewinnen wird. Er ist eigentlich keine große
Kämpfernatur.
Man spricht davon, dass es bald wieder einen Kreuzzug
ins Heilige Land geben soll. Hoffentlich wartet man damit
noch, bis ich zum Ritter geschlagen worden bin, denn diesen Kreuzzug möchte ich auf gar keinen Fall versäumen.
Gottfried hat mir auch erklärt, wie das ist, wenn man zum
Ritter geschlagen wird, und mir ein Bild von der feierli-
chen Zeremonie gezeigt. Hier sieht man, wie der Knappe
Schild und Lanze erhält, wie er feierlich eingekleidet
wird und wie er ein Schwert bekommt und zum Ritter geschlagen wird. Ich möchte gern einmal auf meinem

Schild ein Einhorn als Wappen haben, weil ich weiß,
dass Mathilde dieses Tier so gern hat.
Vielleicht willst du ja mein Knappe werden. Ich fände
das prima.
Die Sonne geht gleich unter und mein Pergament ist fast
bis zum unteren Rand beschrieben. Darum muss ich jetzt
Schluss machen. Grüß bitte deine Schwester Barbara und
deine Eltern von mir und entschuldige bitte, dass ich den
Brief nicht in Latein, sondern in Deutsch verfasst habe.
Du weißt ja, Latein ist nicht meine Stärke.
Lebe wohl!

Geschrieben, den XXII. Februar
A. D. MCLXXXI

So sahen Burg Drachenfels (vorn) und die Wolkenburg (hinten) im 17. Jahrhundert aus. Vom Drachenfels erzählt man sich, dass hier in uralter Zeit ein scheußlicher Drache in einer Höhle gelebt habe. Die heidnischen Bewohner dieser Gegend wollten diesem eine christliche Jungfrau zum Fraß vorwerfen. Als jene aber dem Drachen ein Kreuz entgegenhielt, wendete dieser sich aufbrüllend ab und stürzte sich in den Rhein. Durch dieses wunderbare Ereignis wurden die Heiden bekehrt und ließen sich taufen.

So ähnlich könnte auch die Burg Drachenfels ausgesehen haben. Wichtigste Aufgabe einer Burg war die Verteidigung, darum baute man sie an so unzugänglichen Orten wie nur möglich. Neben Höhenburgen wie dieser gab es Wasserburgen, die durch Wassergräben und Wälle geschützt waren.

1 Bergfried
2 Palas, darin Kemenate
3 Kamin
4 Wehrmauer
5 Wehrgang
6 Pechnase
7 Torgraben
8 Zugbrücke
9 Burgtor
10 Burgkapelle
11 Brunnen
12 Nebenbauten, z. B. Ställe und Gesindestuben.

Hier seht ihr, wie die Ritter im 12. Jahrhundert bewaffnet waren und wie sie um eine Stadt kämpften. Der Mann am linken Bildrand versucht zum Beispiel gerade, eine Belagerungsmaschine zu spannen. Vielleicht kennt ihr aus Museen oder Schlössern andere Ritterrüstungen aus schweren Metallplatten. Diese kamen aber erst später auf. Die Zeit der Ritter war vorbei, als man im 15. Jahrhundert das Schießpulver erfand, denn gegen Gewehrkugeln konnte man mit einer Ritterrüstung kaum etwas ausrichten. Als „letzten Ritter" bezeichnete man Kaiser Maximilian I. (1493–1519).

Wer will sich „die Sporen verdienen"?

Aus der Ritterzeit stammen viele Redensarten. So musste der Knappe sich »die Sporen verdienen«,die er erhielt, wenn er zum Ritter geschlagen wurde. Als Ritter musste er dann immer »gut gerüstet« sein und »fest im Sattel sitzen«. Manchmal hatte er nicht viel Zeit zum Überlegen und musste »aus dem Stegreif« (= Steigbügel) heraus eine Entscheidung treffen. Wenn er sein Pferd verlor, konnte er vielleicht »umsatteln«. *Kannst du dir denken, welche Redensarten mit den folgenden Bildern gemeint sein könnten?*

Teure Turniere

Zweihundert Jahre später, im April 1396, nahm der damalige Graf Gottfried von Drachenfels an einem Turnier in Düsseldorf teil. Sein Verwalter trug für die Zeit vom 23. bis 26. April unter anderem die folgenden Ausgaben in das Rechnungsbuch ein:

6 Schilling	für Kanne und Krug, die nach Düsseldorf mitgenommen wurden
2 Albus	für eine Platte und einen Verschluss an der Rüstung
3 Albus	für den Schneider, der den Waffenrock anfertigte
2 Mark	für eine Turnierdecke für das Pferd des Herrn
3 Albus	Für Weißbrot als Wegzehrung für den Herrn

7 Mark	für den Speerma- chermeister Engel- brecht
3 Albus	für das Färben von drei Federn
4 Schilling	Opfergeld für den Herrn
5 Schilling	für einen schwar- zen Hut
4 Albus	für Lederriemen für den Herrn
3 Schilling	für eine Halsbe- kleidung für den Herrn

(1 Mark = 6 Albus = 20 Schilling)

Dazu kamen Ausgaben für die Verpflegung in Düsseldorf, für die Miete des Hauses, von dem aus man das Turnier betrachtete, für Fährgelder und für die Verpflegung und Bezahlung der Knechte. Insgesamt kosteten die viertägige Reise nach Düsseldorf und das Turnier den Grafen etwa 20 Mark. Das ist nicht viel, wenn man es mit den achteinhalb Mark vergleicht, die am 6. März 1397 für einen Korb exotischer Feigen ausgegeben wurden, aber doch eine ganze Menge, wenn man bedenkt, dass im gleichen Jahr für 28 Mark in Köln eine Kuh und ein Ochse gekauft wurden.

Im Handwerk ging es zünftig zu

Viele Menschen im Mittelalter, sowohl in der Stadt als auch auf dem Land, verdienten ihr Brot als Handwerker.

Angehörige desselben Handwerks begannen im 12. und 13. Jahrhundert sich zu ZÜNFTEN zusammenzuschließen. In der Zunft wurden Regeln für die Ausbildung aufgestellt – nur wer Lehrling und Geselle gewesen war, konnte Meister werden –, wurden Preise, Maße und Qualität festgesetzt. Die Zunft bestimmte auch, ob sich ein Meister von außerhalb in der Stadt niederlassen oder ob eine Witwe den Betrieb ihres Mannes weiterführen durfte. Wer sich nicht an die Regeln hielt, konnte wegen un-zünftigen Verhaltens ausgeschlossen werden.

Im 13. und 14. Jahrhundert wurden die Zünfte in vielen Städten so mächtig, dass sie die Herrschaft in der Stadt übernahmen. Zur Zeit von Barbara und Johannes aber hatten es nur die »Decklakenweber« und die »Drechsler« in Köln so weit gebracht, dass die reichen Kaufleute ihnen gestattet hatten sich zusammenzuschließen.

Da viele Handwerker auf einzelne Produkte und Materialien spezialisiert waren, gab es viele Handwerksberufe, die wir heute nicht mehr unterscheiden. So kannte man:

Goldschmiede, Kupferschmiede, Silberschmiede, Haubenschmiede, Hufschmiede, Löffelschmiede, Messerschmiede, Nagelschmiede, Pflugschmiede, Sichelschmiede, Scherenschmiede, Waffenschmiede.

Und dies waren nur einige der vielen Metall verarbeitenden Berufe, die es gab.

Auch Frauen konnten ein Handwerk ausüben. In Frankfurter Urkunden zwischen 1350 und 1450 hören wir unter anderem von den Berufen der:

Spinnerin – Tuchschererin – Weberin – Schnurmacherin – Bändlerin – Hosenstrickerin – Hutmacherin – Wäscherin – Korbmacherin – Kerzenmacherin – Besenmacherin.

Zahlreiche Frauen führten auch kleine Handelsgeschäfte. Andere arbeiteten im Geschäft des Mannes mit, nicht zuletzt, indem sie für Kost und Herberge der Lehrlinge und Gesellen sorgten. Erst viel später wurde die Berufstätigkeit der Frauen eingeschränkt oder wie in Straßburg im 17. Jahrhundert ganz verboten.

Viele der alten Handwerksberufe sind heute in Familiennamen noch zu erkennen. Jeder kennt Leute, die »Müller«, »Bäcker«, »Weber« oder »Fleischer« heißen. Die folgenden Namen habe ich alle im Telefonbuch einer großen Stadt gefunden. Weißt du, welche Handwerker sich dahinter verbergen?

Böttcher

Der Böttcher stellt Fässer und andere Holzgefäße (Bottiche) her.

Fassbinder

Der Fassbinder legt Eisenreifen um die Dauben des Fasses.

Stellmacher

Der Stellmacher fertigte das Gestell für den Wagen an.

Meier

Der Meier war eigentlich kein Handwerker, sondern der Verwalter (lat. maior) eines Hofes.

Schröder

Als Schröder bezeichnete man sowohl einen Schneider als auch einen Fuhrmann.

Scherer

Der Scherer hat einen ähnlichen Beruf wie der Bader. Man konnte sich bei ihm rasieren lassen.

Schwertfeger

Der Schwertfeger reinigte und schliff die vom Schwertmacher angefertigte Schwertklinge.

Wollschläger

Der Wollschläger reinigte und lockerte die rohe Wolle durch Schlagen.

Findest du diese Namen auch in eurer Gemeinde? Hast du vielleicht selbst einen Familiennamen, der von einem Handwerksberuf abgeleitet ist? Forsche doch einmal im Telefonbuch nach, ob du noch andere Handwerksbezeichnungen findest!

141

Im Märzen der Bauer . . .

s war der 29. März
1181, der Sonntag vor
Ostern, und es regnete.
Kein kaltes Aprilwetter, sondern ein Regen ganz fein
und zunächst kaum wahrnehmbar, aber nach und nach alle Kleider durchdringend, wenn man
sich ihm aussetzte.
Bei dem Wetter waren sogar die
Himmel-und-Hölle-Kästchen, die
die Kinder gestern auf dem Hof
aufgemalt hatten, nutzlos.

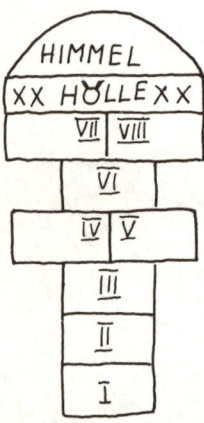

So beschlossen Barbara und Johannes zur Abwechslung wieder
einmal der Küche einen Besuch
abzustatten. Hier war alles friedlich, denn das Mittagessen war
gerade vorbei und für die Vorbereitung des Abendessens war
noch Zeit. Nur Walter musste
Töpfe scheuern. Er schien tief in
Gedanken und bemerkte zunächst gar nicht, dass er Gesellschaft hatte.
Als sich Barbara und Johannes
bei ihm über das Wetter beklagten, reagierte er ganz anders, als
die beiden erwartet hatten. »Besseres Wetter kann es doch gar
nicht geben«, sagte er und fügte
hinzu:
»März trocken, April nass,
Mai lustig von beiden was,
bringt Korn in den Sack
und Wein ins Fass.«
Die beiden schienen immer noch
nicht zu begreifen und Walter
sagte aufseufzend: »Na, ich merke schon, ihr Leute in der Stadt
habt überhaupt keine Ahnung
von dem, was auf dem Land los
ist. Dabei leben viel, viel mehr
Menschen auf dem Land als in
der Stadt.
Ich habe eben noch an meinen
Vater denken müssen. Er hat sicher wie die anderen Bauern seines Dorfes im März die Felder
gepflügt und geeggt, denn am
Benediktstag, das war gestern vor
einer Woche, fängt man für gewöhnlich an Gerste und Hafer zu
säen. Zum Pflügen und Eggen
ist es besser, wenn der Boden

trocken ist, aber jetzt, wo das Korn in der Erde ist, muss es tüchtig regnen. Ich bin ja sehr gern bei euch, aber jetzt wäre ich lieber bei meinem Vater in Rheydt, um ihm bei der Bestellung der Felder zu helfen.«

»Das geht doch nicht«, wendete Johannes ein. »Du musst doch genau ein Jahr und einen Tag in der Stadt bleiben, um von deinem Grundherrn loszukommen. War der wirklich so schlimm?«

»Ja«, sagte Walter. »Früher, als noch ein Beamter des Kölner Erzbischofs den Herrenhof als Meier verwaltete, ging es uns besser. Aber im vergangenen Jahr hat der Erzbischof die Burg und das Gut an einen neuen Herrn zu Lehen ausgegeben. Und der behauptet, dass er viel Mühe damit hat, uns zu schützen und für uns in den Krieg zu ziehen. Darum verlangt er von meinem Vater und den anderen Bauern, die als Hörige zum Gut gehören, nun viel mehr Abgaben. Er besteht auch auf allen Frondiensten.«

»Was ist denn das?«, fragte Johannes.

»Nun, die unfreien Bauern müssen für ihren Herrn die Felder bestellen und ihm bei Bauarbeiten helfen, neue Wege anlegen, Holz schlagen und sogar regelmäßig die Kloaken im Herrenhaus reinigen, ohne dass sie dafür entlohnt werden. Für die ordentliche Bestellung der kleinen Felder, die der Herr uns kleinen

Bauern dafür zur eigenen Nutzung zur Verfügung stellt, bleibt kaum Zeit.«

»Das ist ja furchtbar«, meinte Barbara mitfühlend.

»Ja, und stellt euch vor«, fuhr Walter fort, »dann verlangt er auch, dass wir seine Äcker düngen, indem wir unser Vieh darüber treiben, obwohl wir den Mist doch selber nötig hätten. Auch von einer guten Ernte bleibt nicht viel übrig, denn die Kirche kommt, verlangt ihren Zehnten und der Herr nimmt uns einen Teil ab, wenn wir das Getreide in seiner Mühle mahlen und das Brot in seinem Backhaus backen lassen, und er verbietet uns eine andere Mühle und ein anderes Backhaus zu benutzen. Meist bleibt uns nur so viel übrig, dass wir uns von Suppe und Brei ernähren können. Zu trinken gibt es nur Wasser und entrahmte Milch.«

»Warum bleibt ihr denn auf euren Höfen, wenn euer Grundherr so ungerecht ist?«, fragte Johannes.

»Viele sind ja auch heimlich gegangen«, sagte Walter, »manche nach Osten über die Elbe, wo es heißt, dass die Bauern, die den Wald roden, ein Stück Land und die Freiheit bekommen, manche wie ich in die Stadt.

Aber ungefährlich ist es nicht, gegen den Willen des Grundherrn wegzugehen. Wir haben auch lange überlegt, ob ich gehen sollte, denn ohne meine Hilfe hat es der Vater noch schwerer. Ihr glaubt gar nicht, wie oft er es schon bedauert hat, dass Großvater vor dreißig Jahren den Hof freiwillig dem Kölner Erzbischof übergeben hat, denn nur dadurch sind wir zu Hörigen geworden. Darum hat Vater mich schließlich doch ermuntert wegzugehen, damit wenigstens seine Enkel wieder frei sind. Vielleicht kann ich in einigen Jahren von hier aus meine Familie ein wenig unterstützen.

Aber jetzt habe ich oft Heimweh, besonders, wenn ich an die Feste auf dem Dorf denke. Da wird an nichts gespart. Wenn Kirchweih oder eine Hochzeit gefeiert wird, gibt es auch Fleisch und Kuchen und frisch gebrautes Bier und es wird viel getanzt und gelacht.«
»Das klingt gut«, meinte Barbara, »ich möchte auch auf dem Dorf wohnen.«
»Na, lieber nicht«, lachte Walter. »Ich glaube kaum, dass dir unser kleines Fachwerkhaus gefallen würde. Wir haben kein Glas in den Fenstern wie ihr und darum sind die Fensterlöcher meist mit Weidengeflecht verschlossen und der Rauch vom Herd zieht durchs Dach ab. Im Winter fällst du andauernd über die Hühner, die in der Stube herumlaufen. Und wenn du einmal nicht über sie selber fällst, rutschst du auf ihren Hinterlassenschaften aus. Und Flöhe gibt es, davon hat ihr keine Vorstellung hier in eurem vornehmen Haus.«
Unwillkürlich begannen die Kinder sich zu kratzen. Vielleicht war das Landleben doch nicht so schön.
»Aber ich habe doch Tiere so gern«, beharrte Barbara auf ihrem Wunsch.
»Na, daran ist kein Mangel«, lachte Walter. »Ich musste manchmal mit den anderen Jungen die Schweine für die Dorfgemeinschaft und den Herrenhof auf den brachliegenden Feldern und im

144

Wald weiden. Das ist vielleicht ein Gefühl, wenn über tausend Schweine um dich herum quieken und grunzen und nach den herabfallenden Eicheln suchen.«
»Stell ich mir grauenhaft vor«, sagte Johannes, »ein Glücksschwein lass ich mir ja gefallen, aber tausend? Aber du hast eben von brachliegenden Feldern gesprochen. Seid ihr zu faul, um alle Felder zu pflügen?«
»Typisch Städter: keine Ahnung. Der Boden wird doch unfruchtbar, wenn man ihn jedes Jahr ausnutzt. Früher, hat mir mein Vater erzählt, hat man ihn sogar nur jedes zweite Jahr bestellt, um ihm genügend Zeit zur Erholung zu geben. Aber heute sind wir fortschrittlicher. Wir besäen immer ein Feld im Herbst mit Roggen oder Weizen, eines im Frühjahr mit Hafer oder Gerste, und eines lassen wir brachliegen oder säen Klee. Darauf weiden wir das

145

Vieh, das gleichzeitig den Boden düngt. Im nächsten Jahr kommt dann Wintergetreide auf das Brachland, Sommergetreide auf das Feld, wo vorher Roggen oder Weizen stand, und das Sommergetreide liegt brach. Wenn wir nicht so viele Frondienste und Abgaben leisten müssten, könnte es uns ganz gut gehen, besonders wenn es, wie jetzt, so schön regnet.«

Auch Barbara und Johannes betrachteten nun den Regen mit anderen Augen und Johannes versprach, er werde nie wieder Vetter Wolfram als »Bauer« beschimpfen.

Mittlerweile war auch der Vater in die Küche gekommen und hatte Walter zugehört. Dann war er kurz weggegangen und mit einem kleinen Buch zurückgekehrt. In diesem Buch waren wunderschöne Bilder vom Leben auf dem Land und Walter erklärte seinen staunenden Zuhörern die vielen Tätigkeiten.

Ein Brief in die Zukunft

Barbara und Johannes allen ihren Freunden im 20. Jahrhundert.
Leider müssen wir uns hier von euch verabschieden, weil für uns kein Platz mehr in diesem Buch ist. Wir hätten uns natürlich gefreut, wenn ihr uns noch länger auf unserem Lebensweg begleitet hättet. Aber wir sind sicher, dass ihr jetzt so viel über das Mittelalter wisst, dass ihr selbst unsere Geschichte weiterschreiben könnt.
Wir sind auch in vielen anderen Büchern und auf zahlreichen steinernen, hölzernen, gläsernen und anderen Kunstwerken dargestellt, obwohl wir da manchmal anders genannt werden. Ihr müsst nur genau hinschauen, um noch mehr über uns zu erfahren. Auf dem Titelbild seht ihr zum Beispiel, dass unsere Familie bald größer werden wird.
Dabei wünschen wir euch auch im Namen von Magister Ludwig, Maria, Walter und im Namen unserer Eltern »Viel Spaß im Mittelalter«.
Lebt wohl!

Mit Gruß und Kuß, Einhornius!

Die Wahrheit über das Mittelalter

Es ist nicht wahr, dass im Mittelalter . . .

Wahr ist vielmehr, dass . . .

für die Tafel des Königs GOLDENE BULLEN gemästet wurden.

man als GOLDENE BULLEN (= Siegelkapseln) besonders kostbar gesiegelte Urkunden bezeichnete. In der Goldenen Bulle von 1356 wurde das Wahlverfahren der deutschen Könige festgelegt;

KURFÜRSTEN in Orten mit Heilquellen herrschten;

die sieben KURFÜRSTEN in Frankfurt den König kürten, d.h. wählten;

die ZWEISCHWERTERLEHRE die mittelalterliche Kampftechnik bezeichnete;

man sich vorstellte, Gott habe dem Kaiser und dem Papst je ein Schwert gegeben, damit sie gemeinsam das christliche Abendland beherrschten;

die LEHNSPYRAMIDE nach ägyptischem Vorbild erbaut wurde.

man mit LEHNSPYRAMIDE das Lehnssystem mit dem König an der Spitze bezeichnet. Auf jeder Stufe unter dem König gibt es mehr Lehnsleute, sodass man von einer »Pyramide« spricht;

DIPLOME für außergewöhnliche Leistungen verliehen wurden.

man jede Königsurkunde als DIPLOM bezeichnet.

Karl der Große an den Grenzen seines Reiches eine neue Währung, die MARK, einführte;

als MARK ein besonders befestigtes Grenzgebiet unter Führung eines »Markgrafen« bezeichnet wurde;

ein STIFT zum Schreiben diente.

man unter STIFT klosterähnliche Gemeinschaften versteht, die von einem »Stifter« mit Grundbesitz und anderen Einnahmen ausgestattet worden sind. In einem Stift lebten oft die unverheirateten Söhne oder Töchter von Adligen;

eine MOTTE nur an den Löchern in den Kleidern zu erkennen ist.

eine MOTTE eine kleine Burg auf einem künstlichen Hügel war.

ERZBISCHÖFE über Einnahmen aus dem Erzbergbau verfügten.

ERZ in dieser Zusammensetzung von griechisch »archi« kommt und so viel wie »Erster« bedeutet;

HÖRIGE das Gegenteil von Schwerhörige sind.

der HÖRIGE im Mittelalter zusammen mit dem Land, das er bebaute, seinem Grundherrn gehörte und ohne dessen Erlaubnis weder das Land verlassen noch z. B. heiraten durfte. Er musste dem Grundherrn Abgaben leisten und für ihn arbeiten;

Sachsen und Schwaben für die Produktion von SPIEGELN bekannt waren;

der SACHSEN- und der SCHWABENSPIEGEL zwei Sammlungen wichtiger Rechtsvorschriften sind;.

man ein Gasthaus mit gleichzeitiger Landwirtschaft als DREIFELDERWIRTSCHAFT bezeichnet;

auf einem MÜNZREGAL Geld gestapelt wurde.

KANONISCHES RECHT ein anderer Name für Kriegsrecht ist.

Henker und Spielleute als UNEHRLICH galten, weil sie nie die Wahrheit sprachen.

DREIFELDERWIRTSCHAFT eine Wirtschaftsform ist, in der ein Stück Land im ersten Jahr mit Sommer-, im zweiten mit Wintergetreide bebaut wird und im dritten brachliegt;

als MÜNZREGAL das Recht des Königs bezeichnet wird, Münzen zu schlagen. Er konnte dieses Recht als Lehen vergeben.;

das Kirchenrecht als KANONISCHES RECHT bezeichnet wird.

UNEHRLICH im Mittelalter bedeutet, dass der Betreffende keine Ehre hat.

Und wo ist das Mittelalter heute?

Zum Beispiel bei einer Hochzeit

Mein Kollege Dr. O. Wirtz hat mir bei einem Besuch die Geschichte seiner Hochzeit geschildert. Auf meine Bitte hin hat er sie speziell für die Leser dieses Buches noch einmal aufgeschrieben.

DIE FALLE
Als Pater V. seine Predigt mit den Worten »Fratres dilectissimi« begann, wurde mir mulmig. Nicht dass ich etwas dagegen einzuwenden gehabt hätte, ein »viel geliebter Bruder« zu sein. Ganz im Gegenteil. Aber nun auch noch eine Predigt in Latein? Dabei hatte alles so harmonisch begonnen. Für unsere kirchliche Trauung hatten wir uns einen der schönsten Orte ausgesucht, die romanische Klosterkirche Maria Laach in der Eifel. Verwandte und Freunde waren geladen; das Festmenü im Seehotel war zusammengestellt, das Gespräch mit Pater V. über die bevorstehende Trauung näherte sich erbaulich seinem Ende, als Pater V. plötzlich stutzte. Was für einen merkwürdigen Wunsch hatten wir da? Eine Messe in lateinischer Sprache – und das Anno

Domini 1973?
Nein, natürlich nicht ganz auf Latein, aber halt mit einigen Elementen wie »Gloria«, »Agnus Dei« und »Pater Noster«. So hatten wir die Messe seit unserer Kindheit gefeiert, so kannten wir sie vom Schulgottesdienst und so waren mir auch Messen im Ausland, selbst wenn ich sonst nicht viel verstand, vertraut. Pater V. meinte zwar, wir sollten doch froh sein, dass die Messen heute in der Muttersprache gefeiert würden, dann aber – so schien es – fügte er sich. Am Morgen des 19. August erstrahlte Maria-Laach in herrlichem Sonnenlicht. Die Birken am Seeufer, die alten Holzkähne auf dem Wasser, die gelben Rosenhecken

auf unserem Weg zur Kirche: Alles war heiter und uns freundlich gesinnt – auch Pater V., der uns auf den Stufen vor der Kirche begrüßte und uns dann hinabgeleitete vor den Altar der Krypta.

Und hier standen wir nun. Der größte Teil der Messe war vorüber. Bis jetzt kein einziges deutsches Wort. Auch nicht bei der Lesung und beim Evangelium. Und jetzt die Predigt! Ab und zu tauchten aus der Menge lateinischer Laute unsere Namen auf. Immer dann oder wenn Pater V. die Stimme zu einer vermeintlichen Frage hob, wurde es der Braut und dem Bräutigam merkwürdig warm in dieser doch so angenehm kühlen Krypta. Der Schreck ließ auch die letzten Kenntnisse des Lateinischen verblassen.

Nur das Wort »caritas«, also »Liebe«, war immer wieder deutlich vernehmbar. Dies ließ auf einen roten Faden in der Predigt schließen. (Der Pater gab uns wohlweislich später eine Abschrift des Predigttextes, damit wir auch wussten, wozu er uns ermahnt hatte.)

Mit der Predigt war aber das Schlimmste noch nicht überstanden. Bis jetzt hatten die Fragen in der Predigt offensichtlich keiner Antwort bedurft, zumindest hatten wir auf keine geantwortet. Schließlich aber drängte alles zur entscheidenden Frage. Die gehobene Stimme, die besondere Würde und der fordernde Ton von Pater V. ließen keinen Zweifel daran, dass wir diese Frage zu beantworten hatten, und zwar positiv und in lateinischer Sprache.

In dieser Situation fielen mir Wörter aus den ersten Lehrbuchlektionen ein: »agricola«, der Bauer, »arat«, er pflügt, »puella«, das Mädchen. Alle unbrauchbar. Ein kurzes Zögern, dann schallte allen vernehmlich meine Antwort durch die Krypta: »Ja!« Die gleich lautende Antwort der Braut ließ nicht auf sich warten. Alle Hochzeitsgäste waren dankbar nun zu wissen, dass wir Mann und Frau waren. Niemand hatte während der Messe vor Rührung geweint, denn niemand außer Pater V. hatte etwas verstanden, worüber zu weinen sich gelohnt hätte. Und nun, als das letzte »Ja« verhallt war, als der schlimmste und schönste Augenblick vorbei war, mochte auch niemand mehr angesichts des nahenden Festmahls mit dem Weinen beginnen. Als sich Pater V. zum letzten Mal dem Altar zuwandte, konnte er sein zufriedenes Schmunzeln über den gelungenen Streich nicht verbergen. Und dabei hatte er selbst seine Predigt unter das Motto der Nächstenliebe gesetzt: »Pater, hora Caritatis Nostrae nunc est. Amen.« (Vater, nun ist die Stunde unserer Liebe. Amen!)

oder an der Haustür

An unserer Haustür steht mit
Kreide geschrieben:

$$19 + C + M + B + 93$$

Weißt du, was das mit dem Mittelalter zu tun hat? Wenn nicht,
solltest du noch einmal auf S.
87 nachlesen, erst dann bei den
Lösungen.

oder in Sportberichten

Klubchef Hoffmann von Bayern
München meinte nach dem erfolg-
reichen Transfer des Fußballers
Karl-Heinz Rummenigge nach
Mailand am 5. April 1984:

*»Nach Karl dem Großen, Otto
dem Großen und Goethe zieht
nun Ciancarlo der Große nach Italien, um sich krönen zu lassen;
hoffentlich geht es dir nicht wie
Heinrich dem Großen, der im
Büßergewand nach Canossa
musste.«*
Kölner Stadtanzeiger

oder auf Briefmarken

oder vor Gericht

Bauer muss zwölf
Laib Brot zahlen

Geld statt Naturalien

Augsburg (dpa) – Die katholische Kirche in Bayern kann von ihren Gläubigen neben der Kirchensteuer auch die Abgabe von Naturalien verlangen. Das Augsburger Verwaltungsgericht bestätigte gestern einer Pfarrpfründe im Bistum Augsburg den heute noch aktuellen Anspruch auf ein altes Gewohnheitsrecht. Es verurteilte den 60jährigen Landwirt Johann Gump, der in der Augsburger Landkreisgemeinde Herbertshofen einen Hof mit 100 Tagwerk bewirtschaftet, zur jährlichen Zahlung von zwölf Laib ortsüblichen Bauernbrotes.

Der Hofbesitzer war von der Kirche verklagt worden, weil er es abgelehnt hatte, der überlieferten Verpflichtung weiter nachzukommen. Wie in Herbertshofen sorgten in früheren Jahrhunderten auch in anderen Gemeinden wohlhabende Bauern für den Lebensunterhalt ihres Pfarrherrn. Statt eines Gehaltes bezahlten sie mit Korn, Butter und Brennholz. Vor Gericht berief sich der Vertreter der bischöflichen Finanzkammer mit Erfolg darauf, dass diese »Reichnispflicht« noch heute fortbesteht und 1954 im Bayerischen Stiftungsgesetz verankert worden ist.

Kölner Stadtanzeiger

oder in Hinweisen der Kriminalpolizei

Bei einem Einbruch in die Neuwerker Kirche »St. Maria Himmelfahrt« wurde in der Nacht von Samstag auf Sonntag, 24./25. Dezember, eine Statue der heiligen Barbara entwendet. Vor dem Ankauf der Statue wird dringend gewarnt. Hinweise zu dem Diebstahl erbeten an die Kriminalpolizei.

oder im Boden

Bei Ausschachtungsarbeiten stößt man in vielen Städten immer wieder auf Spuren des Mittelalters. Über einen solchen Fund im Jahr 1981 berichtete eine Zeitung:

Zisterne barg Überraschung

Außerdem konnte eine Zisterne freigelegt werden. Ihr Inhalt verblüffte die Archäologen. Sie fanden vornehme aus Elfenbein gefertigte Zahn- und Kleiderbürsten, Griffe von Rasierpinseln, Parfümflaschen. Alles Dinge, die darauf schließen lassen, dass in der Nähe wohlhabende Bürger gewohnt haben müssen.

Kölner Stadtanzeiger

oder in Schlagzeilen

Rekordpreis von 32,5 Millionen DM für mittelalterliche Handschrift

Eigener Nachrichtendienst
London – In knapp fünf Minuten ist gestern in London das Evangeliar (Buch mit dem Text der vier Evangelien) Heinrichs des Löwen aus dem 12. Jahrhundert für 8,14 Millionen Pfund (32,5 Millionen Mark) versteigert worden. Das ist der höchste Preis, der je bei einer Versteigerung für ein Kunstwerk erzielt worden ist. Das Buch wurde im Auftrag der Bundesregierung, der Stiftung Preußischer Kulturbesitz, der Länder Niedersachsen und Bayern und vieler privater Spender erworben. Der amerikanische Kunsthändler Hans P. Kraus, der das reich geschmückte Evangelienbuch zusammen mit dem Londoner Bücher-Spezialisten Bernard Quaritch ersteigerte, sagte anschließend im Auktionshaus Sotheby's: »Das war ein Glückskauf. Wir wären bis zu zehn Millionen Pfund gegangen!« Das Evangeliar wird an einem noch zu bestimmenden Ort in Niedersachsen aufbewahrt und der Öffentlichkeit und der Wissenschaft zugänglich gemacht werden.
Rheinische Post

oder auf Straßenschildern

Bei einer Abiturprüfung verlangte ein Geschichtslehrer in Köln von einem Prüfling, er solle die Namen der Abschnitte der Kölner Ringstraße in der richtigen Reihenfolge nennen. Der Schüler hielt dies für eine Zumutung in einer Geschichtsprüfung. Bist du auch dieser Meinung?
Hier sind die Straßennamen:

Salierring
Karolingerring
Stauferring
Habsburgerring
Sachsenring

Wenn du die Informationen über die Kaiser auf dieser Seite liest und ein wenig kombinierst, kannst du die Reihenfolge sicher erschließen. Vielleicht solltest du noch wissen, dass vor dem ersten der erwähnten Ringabschnitte der nach dem Merowingerkönig Chlodwig (* 466, † 511) benannte »Chlodwigplatz« liegt. Übrigens, der Verlauf der Kölner Ringstraße entspricht genau der mittelalterlichen Stadtmauer.

und im Geschichtsbuch

FRIEDRICH II. (1212–1250) war der Letzte der großen Stauferkaiser. Er war zugleich König von Sizilien und Kaiser des Reiches.

Seine besondere Bedeutung liegt unter anderem darin, dass er die großen Leistungen der arabischen Kultur, die er in Sizilien kennen lernte, in Europa verbreitete.

RUDOLF VON HABSBURG (1273–1291) war der erste unumstrittene König nach dem von 1256–1273 dauernden »Interregnum«, d. h. einer kaiserlosen Zeit, in der sich die Kurfürsten nicht auf einen Kandidaten einigen konnten.

KARL DER GROSSE (768–814) beherrschte das Frankenreich, das sich am Ende seiner Regierungszeit von der Atlantikküste bis zur Elbe und von der Nordsee bis nach Italien erstreckte. Zentrum dieses Reiches war Aachen. Karl wurde 800 in Rom zum Kaiser gekrönt. Das »Karolingerreich« bestand etwa anderthalb Jahrhunderte, bis es sich in den Französisch sprechenden Westen und die Deutsch sprechende Osthälfte aufspaltete.

HEINRICH VI. (1056–1106) war der dritte Herrscher aus dem Geschlecht der Salier. In seine Regierungszeit fiel der »Investiturstreit«. Der Papst bestritt nämlich das Recht der deutschen Könige, Äbte und Bischöfe zu investieren, das heißt einzusetzen. Weil Heinrich seinem Verbot zuwiderhandelte, verhängte er über ihn den Kirchenbann. Als Heinrich aber im Winter im Büßergewand vor der italienischen Burg Canossa erschien, wo sich der Papst aufhielt, musste dieser den Bann wieder lösen.

OTTO DER GROSSE (936–973) wurde 936 in Aachen feierlich zum König gekrönt, nachdem unter seinem Vater Heinrich I., dem ersten Herrscher aus dem »sächsischen« Hause, die Osthälfte des Karolingerreiches endgültig zum Deutschen Reich geworden war.

oder auf einem Kanaldeckel

Mit dem mittelalterlichen Stadtwappen sind in Trier die Kanaldeckel versehen.

oder in der Sprache

Im Mittelalter entwickelte sich die hochdeutsche Sprache, die wir heute benutzen.
So sah die Sprache im 9. Jahrhundert aus:
Kirst, imbi ist hucze! nu fluic do, vihu minaz, hera fridu frono in godes munt heim zi commone gisunt.

Christus, die Biene (Imme) ist heraus! Nun flieg du, mein Tier, her/ im Frieden des Herrn, in Gottes Schutz, um gesund heimzukommen.

Und das hätte Richard an Mathilde schreiben können:
Du bist min, ich bin din:
des solt du gewis sin.
Du bist beslozzen
in minem herzen:
verlorn ist daz slüzzelin:
du muost immer drinne sin.

Du bist mein, ich bin dein,
des sollst du gewiss sein.
Du bist eingeschlossen
in meinem Herzen,
verloren ist das Schlüsselein,
du musst immer darinnen sein.

oder in Sagen

Sicher hast du schon von der Nibelungensage gehört und von König Artus und seiner Tafelrunde. Zahlreiche Rittersagen aus dem Mittelalter werden auch heute noch erzählt oder sogar verfilmt.

Da wimmelt es von tapferen Rittern, von Riesen, Zwergen und verborgenen Schätzen. Barbara

oder in der Werbung

und Johannes zum Beispiel hörten sehr gern die Geschichte von den »Heinzelmännchen«, die über Nacht alle Arbeit im Haus erledigten, aber nie zu sehen waren, bis eines Tages die neugierige Schneidersfrau sie durch Erbsen zu Fall brachte, die sie auf der Treppe ausgestreut hatte. Danach wurden die Heinzelmännchen nie mehr gesehen.

oder an einer Kirche

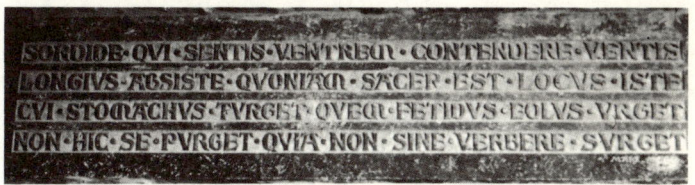

»Schmutzfink! Wenn du merkst, dass dein Leib mit den Winden kämpft, so entferne dich, denn dieser Ort ist heilig. Wenn einem der Bauch schwillt, wenn ein stinkender Drang ihn ankommt, so entleere er sich nicht hier, denn nicht ohne Prügel wird er wieder aufstehen.«

Diese Inschrift in lateinischer Sprache findet sich in einem Tordurchgang an der großen mittelalterlichen Kirche im belgischen Tournai.

und natürlich auch

auf der Burg, in der Kirche, in anderen alten Bauten, im Museum und an vielen anderen Stellen. Aber dazu brauchst du keine Beispiele. Schau dich nur genau um. Irgendwo entdeckst du das Mittelalter immer und vielleicht gelingt es dir, einen verborgenen Schatz zu finden.

Auflösungen

S. 25
1. Barbarossa, 2. Loewe, 3. Otto, 4. Reichstag, 5. Zoll, 6. Mauer, 7. Pfalz, 8. Fuder, 9. Pergament, 10. Bruno, 11. Corvey. WELFEN STAUFER.

S. 27
1. Papstmonogramm, 2. Arnulfus, 3. Otto, 4. Einhorn, 5. Karolus.

S. 34/35
Falsch sind: Schiff mit Schraube, Hubschrauber, Bagger, Fahrrad und Teddybär mit Luftballons.

S. 36 ff.
Alle Spitzbögen sind für 1180 in Köln noch zu früh. Damals baute man hier noch mit Rundbögen.

S. 44
Kartoffeln kannte man damals noch nicht.

S. 46
Das Gedicht schrieb 1828 der englische Dichter Coleridge.

S. 51
Der gotische Kölner Dom war zu dieser Zeit noch nicht einmal begonnen. Die Türme sind erst seit wenig mehr als 100 Jahren fertig.

S. 69
1. Schreibstube, 2. Aderlass, 3. Novizen, 4. Klausur, 5. Turm, 6. Kreuzgang, 7. Basilika, 8. Schlafsaal, 9. Esssaal, 10. Herberge, 11. Garten. SANKT GALLEN.

S. 71
Falsch sind: Kakao, Tabak, Vanille, Ananas.

S. 79
Man konservierte vor allem durch Pökeln (Salzen), Trocknen und kühle Lagerung.

S. 94/95
Die Gebäude stellen dar:
S. 94: Aachen. S. 95: von links nach rechts, oben: Trier, Hildesheim; unten: Cluny, Köln.

S. 103 ff.
Auf jeden Fall falsch sind: Fernseher, Lampe, Plattenspieler, Sofa in dieser Form. Brillen gibt es seit ca. 1300, das Tretspinnrad seit ca. 1500, Gabeln benutzte man in Bürgerhäusern erst seit dem 16. Jahrhundert zum Essen.

S. 118
Hildegard von Bingen wurde 81 Jahre alt.

S. 119/120
Barbara (Fische) hat vor Johannes (Zwillinge), Ludwig (Krebs) und Walter (Schütze) Geburtstag.

S. 136/137
S. 136: Aus dem Sattel heben; für jemanden eine Lanze brechen (eigentlich im Turnier); sich aus dem Staub machen (eigentlich zu Fuß aus dem Staub des Turnierplatzes, wenn man vom Pferd gestürzt ist). S: 137: Unter die Arme greifen (eigentlich, wenn der Ritter in seiner schweren Rüstung nicht ohne Hilfe aufstehen kann); auf hohem Ross sitzen.

S. 153
CMB = Caspar, Melchior, Balthasar
CMB = Christus Mansionem Benedicat (Christus segne das Haus)

S. 155
Karolinger-, Sachsen-, Salier-, Staufer-, Habsburgerring.

So macht Geschichte Spaß!

Freya Stephan-Kühn
Viel Spaß mit den alten Ägyptern!

Memphis zur Zeit des Pharaos Ramses II. ist eine
Stadt voller Leben. Isis und Chonsu fühlen sich dort
wohl. Trotzdem ist es für sie ein großes Abenteuer,
als ihr Vater den Auftrag bekommt, das Grab des
Pharaos in Theben auszugestalten, und sie ihm
dorthin folgen. Der Leser begleitet sie und erfährt
auf spielerische Weise alles über Mumien,
ägyptische Götter und die Pyramiden.

Arena-Taschenbuch. Band 1758. 192 Seiten.
Ab 10.

Arena

BIBLIOTHEK DER ABENTEUER

Alexandre Dumas
Der Graf von Monte Christo

Der junge Edmond Dantes blickt in eine groß-
artige Zukunft. Er ist eben erst zum Kapitän
ernannt worden und steht kurz vor der Hochzeit
mit der schönen Mercedes. Doch dann findet er sich
durch eine falsche Anklage im Kerker des Château d'If
auf einer Insel vor Marsaille wieder. Hier schließt
Dantes Bekanntschaft mit dem Abbé Faria, der ihm
die Zusammenhänge seiner Verhaftung erklärt und
der ihm schließlich auch das Geheimnis eines Schatzes
anvertraut. Als der Abbé stirbt, gelingt Dantes nach
vierzehn Jahren Haft die Flucht...
Ein Meisterwerk der Abenteuerliteratur!
320 Seiten. Arena-Taschenbuch – Band 0255. Ab 12

Arena

BIBLIOTHEK DER ABENTEUER

Robert Louis
Stevenson
**Die
Schatzinsel**

Diese atemberaubend spannende Seeräuber-
geschichte über die Suche nach dem legen-
dären Goldschatz des Käpt'n Flint hat schon
Generationen von Lesern gefesselt.
Hinter diesem Schatz ist nicht nur der mutige
Schiffsjunge Jim Hawkins her, sondern vor allem
auch der verschlagene einbeinige Seeräuber
John Silver mit seiner Bande...
»Die Schatzinsel«, erstmals erschienen im
Jahr 1883, zählt zu den unsterblichen Werken
der Abenteuerliteratur.

240 Seiten. Arena-Taschenbuch – Band 0253. Ab 12

Arena